Hans Peter Matkowitz/Armin E. Möller
Der Küchen Organizer

Hans Peter Matkowitz/Armin E. Möller

1 2 3

Der Küchen Organizer

Impressum
© 2002 Hädecke Verlag D-71256 Weil der Stadt

Alle Rechte vorbehalten, insbesondere die der Übersetzung, der Übertragung durch Bild- und Tonträger, des Vortrags, der fotomechanischen Wiedergabe, der Speicherung und Verbreitung in Datensystemen und der Fotokopie. Nachdruck, auch auszugsweise, nur mit Genehmigung des Verlages.

Titelgestaltung und Layout: Juscha Deumling, München
Redaktion, Texte und Gesamtbearbeitung: Claudia Daiber, Scheyern
Fotos: Harry Bischof, München, Seiten 8/9, 18/19, 36/37, 54/55, 64/65, 74/75, 108/109, 120/121, 142/143, 150/151
Edith Gerlach, Frankfurt: Seiten 84/85, 90/91, 168/169
Reproduktionen: Repro-Technik, Ruit
Satz: Elisabeth Schimmer, Ergoldsbach
Druck: Röhm Druck, Sindelfingen

ISBN 3-7750-0348-7

Printed in Germany 2002

Inhalt

KOCHLÖFFEL & UHR 6

Vorwort? – Ja, aber nur ein kurzes Vorwort! 6
Das »Rezept« für dieses Buch 7

ORGANISATION IST FAST ALLES 8

Zuerst eine gute Tasse Kaffee … 10
Mit guter Vorbereitung doppelt so schnell 10
Kochzeiten einplanen 11
Die Küche – Planung und Ausstattung 12
Wichtige Arbeitsgeräte 12
Für Übersicht sorgen 13
Zeitraffer: rationell arbeiten 14
Kochen ohne Stress 15
Planen, planen, planen … 15
Führen Sie Buch 15
So wird das Frühstück nicht zum Spätstück 16
Denke dran, schaff Vorrat an … 17

FÜR DEN KLEINEN HUNGER 18

Kleine, feine Schnittchen 20

Ei, Ei, Ei … 22
Eier flach gelegt 24
Spiegeleier braten – fast ein Kinderspiel 31
Gekochte Eier: weich, wachsweich oder hart? 33

Immer eine gute Suppe 36
Brühen kochen – ganz easy 40
Cremesuppen – zart und schmelzend 44
Der Suppen-Kick 48
Suppenmahlzeit 50
Suppen – kalt und erfrischend 52

Da haben wir den Salat 54
Salate zum Sattessen 64
Vorspeisen und Snacks 74

FÜR DEN GROSSEN HUNGER 84

Die einzig wahre Nudel … 86

Reis, Knödel und Kartoffeln 90
Es muss nicht immer Pasta sein 92
Reis: ein variables Korn 94
Gib dir die Kugel: hausgemachte Knödel 98
Vom Teamspieler zum Solisten: die Kartoffel 102
Kartoffeln: groß, heiß und butterweich 106

Gemüse: Powerfood 108

Fleisch in Variationen 120
Braten: Das Familienstück 122
Hähnchen & Hühnchen 126
Die Kunst kurz zu braten 130
Schnell gezaubert 138

Fisch: die leichte Art zu kochen 142

FÜR DEN SÜSSEN HUNGER 150

Krönender Abschluss: die Nachspeise 152
Schmarrn: Süßes für Kaiser 162
Süßes aus dem Ofen 164

Rezept- und Sachregister 170

Kochlöffel & Uhr

Vorwort? – Ja, aber nur ein kurzes Vorwort!

Niemand kocht besser (oder auch schneller), nur weil Kochbuchautoren ein seitenlanges Vorwort verfasst haben.

Programm? Ja!

Dieses Buch hat ein Programm. Es geht darum, die Arbeit in der Küche effizienter zu organisieren und dadurch Zeit zu sparen.
Das ist die Idee, die hinter diesem Buch steckt.

Es geht um programmiertes Kochen. Das Buch sagt, was in welcher Zeit zu schaffen ist, welche Schritte aufeinander folgen müssen und was getan werden muss, damit ein Gericht nicht nur auf den Punkt gekocht, sondern auch auf die Minute genau zur vereinbarten Zeit aufgetragen werden kann.

Was in der Hotelküche einfach klappen muss, funktioniert auch zuhause. Ganz bestimmt!

Die Tipps, Tricks und Rezepte der Berufsküche wurden dazu am heimischen Herd und in den Kochkursen einer Volkshochschule erprobt. Kochlöffel und Uhr waren dabei die wichtigsten Hilfsmittel. Das Ergebnis: ein Nutzwertbuch. Aber eines, das Appetit und Spaß machen will.

In diesem Sinne: Guten Appetit! Und viel Spaß!

Hans Peter Matkowitz	Armin E. Möller
Kantinenchef – Kochbuchautor – VHS Dozent	Journalist und Hobbykoch
München	Köln

Noch etwas: Für weitere Zeitsparideen und Erfahrungsberichte aus der heimischen Küche sind dankbar:
Armin E. Möller & Hans Peter Matkowitz, c/o Walter Hädecke Verlag
71263 Weil der Stadt.

Die Zeit läuft!

Das »Rezept« für dieses Buch

Egal ob Kartoffelklöße aus rohen oder gekochten Kartoffeln, Semmel- oder Zwetschgenknödel – sie alle werden nach den gleichen Grundregeln hergestellt. Deshalb reicht ein **Grundrezept** völlig aus, in dem die wesentlichen Arbeitsschritte erklärt werden. Klar wie Kloßbrühe, oder?

Auf jedes Grundrezept folgen eine oder mehrere **Varianten**. Das sind abgewandelte Rezeptideen, die für mehr Vielfalt in der Küche sorgen.

Ein Grundrezept – mehrere Varianten

Alle Rezepte wurden entlang einer **Zeitachse** entwickelt. Die Zeitangaben bei den Varianten sind mit einem ➕ oder ➖ gekennzeichnet. Das bedeutet, dass die Arbeitszeit im Vergleich zum Grundrezept um die genannte Zeitspanne über- bzw. unterschritten wird.

Zeiten

Zeitraffer helfen zeitraubende Handgriffe zu vermeiden oder aber mehr Tempo in die Küche zu bringen, ohne dass es dabei hektisch wird.

Zeitraffer

Gasherde liefern zwar eine direkter lenkbare Energie, bringen sonst aber wenig Zeitgewinn. In der Regel spart Gas bei Gebratenem $1/2$ Minute ein, das entspricht der Zeit, die moderne Elektroherde zum Aufheizen benötigen. Gasherdbesitzer dürfen diese 30 Sekunden von den Zeitangaben abziehen, um auf »ihre« Zeit zu kommen. Der Unterschied ist also zu gering, als dass man darauf in den einzelnen Kochanleitungen eingehen müsste.

Was ist bei Gasherden zu beachten?

Tipps beschreiben die magischen Handgriffe, mit denen Köche sich die Arbeit erleichtern und beim Kochen mindestens einen Tick schneller sind als Hobbyköche. So können Sie von den Erfahrungen eines Berufskoches profitieren.

Tipps

Das bedeuten die Abkürzungen

Abkürzungen

ml	Milliliter	EL	Esslöffel
cl	Zentiliter	Msp.	Messerspitze
l	Liter	cm	Zentimeter
g	Gramm	Min.	Minuten
kg	Kilogramm	Std.	Stunden
TL	Teelöffel		

ORGANISATION IST FAST ALLES

ORGANISATION IST FAST ALLES

In Ruhe planen schafft Zeit

Zuerst eine gute Tasse Kaffee ...

Küchenkönner beginnen mit einer guten Tasse Kaffee oder Tee. Dann klappt die Planung nochmal so gut. Setzen Sie sich also mit Tasse, Papier und Stift bewaffnet an den Küchentisch und denken Sie in aller Ruhe nach: Denn wer seinen Verstand bewegt, muss weniger laufen – das gilt auch in der Küche.

Wie lange braucht Kaffee?

Für die Vorbereitung (Wasser und Kaffeemehl einfüllen) werden 1 $\frac{1}{2}$ Minuten benötigt. Nach dem Einschalten braucht der Automat für sechs Tassen Kaffee 5 Minuten, in dieser Zeit können Sie sich anderen Dingen widmen: Tisch decken, Zucker und Milch bereitstellen ... Sie merken, wie die Sache läuft?

Und was ist mit Tee?

Wird Tee gewünscht, dann gelten folgende Erfahrungswerte:

So lange dauert es, bis $\frac{1}{4}$ Liter Wasser kocht

mit Deckel Topf 14 cm ⌀	ohne Deckel Topf 14 cm ⌀	Pfeifkessel 18 cm ⌀	Mikrowelle 600 W	Teemaschine	Wasserkocher
$\frac{1}{4}$ l Wasser	$\frac{1}{4}$ l Wasser	$\frac{1}{4}$ l Wasser	$\frac{1}{4}$ l Wasser	$\frac{1}{4}$ l Wasser	$\frac{1}{4}$ l Wasser
02 : 15 Min.	02 : 30 Min.	02 : 30 Min.	02 : 15 Min.	01 : 55 Min.	01 : 15 Min.

Diese Menge Wasser reicht für eine gute Tasse Tee. Schwarzer und grüner Tee brauchen 3–5 Minuten um zu ziehen, Kräutertees etwa 10 Minuten.

Mit guter Vorbereitung doppelt so schnell

Zutaten und Utensilien bereitstellen

In der Küche wird von links nach rechts gearbeitet (Linkshänder arbeiten von rechts nach links). Legen Sie deshalb alles, was Sie brauchen, zunächst links (rechts) von der Arbeitsfläche bereit, und zwar in der Reihenfolge, in der Sie die Utensilien brauchen. Das spart Lauferei und garantiert, dass nichts vergessen wird. Bei allem, was Sie tun: Die linke (rechte) Hand hält die Lebensmittel, die rechte (linke) zerkleinert, schält, hackt ...

Kochzeiten einplanen

Bevor Eier hart werden, Klöße aufsteigen oder aus diversen Zutaten eine gute Suppe entsteht, muss Wasser kochen. Das dauert länger, als man glaubt.

5 Liter in 2 Töpfen schnell gekocht

Wir haben das Wasser in Edelstahltöpfen mit Sandwichboden gekocht. Das Wasser einfüllen, den Deckel auflegen, er hält die Hitze im Topf. Topf und Deckel, Kochtopf und Kochstelle müssen im Durchmesser zueinander passen.
Aluminiumtöpfe mit nach innen oder außen gebogenem Boden haben Kontaktschwierigkeiten – das kostet Zeit (weil das Wasser nicht so schnell kocht) und Geld (für mehr Strom).

Edelstahltopf mit Sandwichboden	Wassermenge	Heizstufe d. Herdes/ der Kochplatte	Zeit bis zum Kochen
14 cm ⌀	1/8 Liter	höchste Stufe	02 : 30 Min.
14 cm ⌀	1/4 Liter	höchste Stufe	03 : 40 Min.
14 cm ⌀	1/2 Liter	höchste Stufe	03 : 55 Min.
14 cm ⌀	1 Liter	höchste Stufe	07 : 20 Min.
17 cm ⌀	2 Liter	höchste Stufe	11 : 45 Min.
17 cm ⌀	3 Liter	höchste Stufe	13 : 05 Min.
22 cm ⌀	5 Liter	höchste Stufe	35 : 10 Min. (!)

Wie lange braucht Wasser, bis es kocht?

Wer's besonders eilig hat, teilt die Wassermenge auf mehrere Töpfe auf. Aus gutem Grund: Während 5 Liter in einem Topf erst nach 35 Minuten kochen, sprudelt die gleiche Menge Wasser bereits nach etwa 13 Minuten, wenn man sie auf zwei Töpfe verteilt. Wer zwei Töpfe benutzt, spart also 12 Minuten.
Meist wird zu viel Wasser aufgesetzt. Im Topf mit Deckel werden Eier auch dann wie gewünscht gekocht, wenn das Wasser nur daumenbreit darin steht, die Eier müssen nicht vom Wasser bedeckt sein. Das gilt so auch für Kartoffeln, Gemüse usw.: Weniger Wasser kocht deutlich schneller, spart Zeit und Energie.
Im Wasserkocher kocht das Wasser am schnellsten.

Große Mengen in mehreren Töpfen kochen

ORGANISATION IST FAST ALLES

Die Küche – Planung und Ausstattung

Eine gut geplante Küche ist die Grundvoraussetzung für effizientes Arbeiten. Jeder Schritt zu viel kostet Zeit und Kraft. Deshalb sollten die einzelnen Elemente einer Küche auf den Ablauf der Küchenarbeit abgestimmt sein, damit unnötige Wege entfallen. Wichtig ist dabei, ob die Köchin/der Koch Rechts- oder Linkshänder ist. Rechtshänder arbeiten von links nach rechts (Linkshänder umgekehrt), deshalb hat sich folgende Anordnung bewährt (für Rechtshänder von links nach rechts): Kühlschrank, Spüle, Arbeitsfläche mit darunter stehenden Abfalleimern, Herd und Abstellfläche für Fertiges. Die Höhe der Arbeitsplatten sollte auf Ihre Körpergröße zugeschnitten sein, das beugt Rückenproblemen vor.

Die Wahl der richtigen Ober- und Arbeitsflächen kann eine erhebliche Zeitersparnis bringen. Achten Sie bei der Planung darauf, dass beide kratz- und stoßunempfindlich sind und sich leicht reinigen lassen. Denken Sie daran, dass Edelstahloberflächen zwar chic aussehen, aber nur, wenn sie auf Hochglanz poliert sind.

Runde Spülbecken sind zwar formschön, aber unpraktisch, wenn Kuchenbleche oder große Töpfe darin gereinigt werden müssen.

Alles, was man beim Kochen braucht – einschließlich der Töpfe und Pfannen – sollte in Griffnähe zum Küchenherd aufbewahrt werden. Wandhalter für Messer, Schneebesen oder Fleischgabeln haben sich bewährt. Eventuell kann eine solche Halterung auch an der Türinnenseite von Schrankelementen angebracht werden – das hat den Vorteil, dass die Geräte vom Küchendunst nicht klebrig werden.

Rechts- oder Linkshänder? Das hat Einfluss auf die Küchenplanung!

Wichtige Arbeitsgeräte

Messer: Sie brauchen drei Küchenmesser von 10, 14 und 21 cm Länge für das Schälen, Putzen und Schneiden von Gemüse, Obst oder Salat. Zwei Sägemesser von 11 und 21 cm Länge zum Schneiden von Brötchen, Tomaten, Brot und Gerichten im Teigmantel. Ein Tafelmesser von 11 cm Länge zum Streichen von Brot und einen Wetzstahl von 30 cm Länge zum Nachschärfen der Messer.

Schneidebretter sollten am zweckmäßigsten aus Holz sein, denn es wirkt antibakteriell. Sinnvoll ist die Anschaffung eines großen Brettes von ca. 30 x 40 cm zum Schneiden von Braten etc. und mehrerer kleiner Bretter.

Eine **große Fleischgabel** von etwa 15 cm Länge hilft beim Wenden von Braten, Steaks und Schnitzeln.

Pfannenwender – einer aus Metall und einer aus Kunststoff für beschichtete Pfannen – tun beim Wenden von Pfannkuchen, Schnitzeln, Rösti oder Kartoffelpuffern ihren Dienst. Mit Ihnen lassen sich auch Aufläufe portionieren und bequem aus der Form lösen.

Messer: Scharf müssen sie sein!

Eierschneider sind vielseitig einsetzbar und wahre Zeitspargenies: Mit ihnen kann man auf einfache Art Eier und Champignons in Scheiben schneiden oder würfeln (durch zweimaliges Schneiden; das in Scheiben geschnittene Ei oder die Champignons dafür um 90 Grad drehen).

Sparschäler braucht man zum Schälen von Gemüse, man kann damit aber auch Gemüse in hauchdünne Scheiben schneiden.

Kochlöffel gehören selbstverständlich zur Küchen-Grundausstattung. Es sollten mindestens zwei von unterschiedlicher Größe sein (18 und 30 cm).

Flaschen- und Dosenöffner sowie Korkenzieher dürfen in keiner Küche fehlen.

Rohkostreiben sind wichtig zum Zerkleinern von Obst, Käse und Gemüse. Besonders pfiffig sind Vierkantreiben aus Edelstahl mit ihren verschiedenen Reibflächen.

Schneebesen eignen sich zum Schlagen von Eigelb, Rühren von Saucen, Puddings oder Cremes und Dressings.

Schüsseln in verschiedenen Größen braucht man zum Anrühren von Dressings, zum Rühren von Teigen, Anmachen von Salaten etc.

Schaumlöffel sind unverzichtbar zum Abschäumen von Suppen oder Herausheben von Knödeln, Spätzle oder Nudeln aus dem kochenden Wasser oder von Frittiertem aus dem heißen Fett.

Schöpflöffel braucht man zum Schöpfen von Saucen und Suppen.

Siebe, ein grobes und ein feines, nimmt man zum Abgießen von Nudeln, Reis oder Kartoffeln und zum Durchpassieren von Saucen oder Teigen.

Eine **Flotte Lotte** ist praktisch zum schnellen Durchpassieren von gekochtem Gemüse oder Obst.

Kochtöpfe und Pfannen in verschiedenen Höhen und Durchmessern gehören zur Grundausstattung. Besonders praktisch sind Pfannen und Töpfe mit Hitze beständigen Griffen, die auch zum Backen, Schmoren oder Garen im Backofen taugen.

Für Übersicht sorgen

Wer mehr als einen Wochenvorrat an Lebensmitteln in der Küche lagert, erschwert sich die Küchenarbeit. Je weniger man suchen und räumen muss, umso schneller geht das Kochen von der Hand. Der restliche Vorrat gehört in Vorratskammer oder -keller, falls vorhanden.

Selten gebrauchte Fritteusen, Bräter oder Fischkochtöpfe müssen bei Platzmangel nicht die Schränke in der Küche blockieren. Sie können ebenso gut auf Regalen im Keller oder in einem Abstellraum gelagert werden.

> **Nützliches Gerät erleichtert die Küchenarbeit und spart Zeit.**

ORGANISATION IST FAST ALLES

Zeitraffer: rationell arbeiten

Arbeitsschritte bewusst planen

Spülen: Nicht jedes Messer muss nach Gebrauch gleich gründlich gespült werden. Oft genügt es, wenn man es kurz unter fließendes heißes Wasser hält.

Abfall sammeln: Küchenabfälle werden in Schüsseln oder auf Zeitungspapier gesammelt, wenn etwa Kartoffeln geschält oder Rosenkohl geputzt werden. Das erspart das ständige Gerenne zum Mülleimer.

Vorheizen: Ein Dreh genügt und Gas- oder Induktionsherde liefern volle Energie. Bei Elektroherden müssen die Kochplatten erst auf Touren gebracht werden, damit sie Hitze abgeben können. Deshalb Platten von Elektroherden schon einschalten, während Töpfe oder Pfannen aus dem Schrank geholt werden.

Knoblauch schälen kann viel Arbeit machen. Wer lange pult, vertut Zeit. So geht's fix: Die Knolle mit dem Wurzelansatz nach unten fest auf ein Brett klopfen. Jetzt lösen sich die Schalen schnell, statt bis zu 10 Minuten beschäftigen Sie geklopfte Knollen nur noch 2 Minuten.

Wo viel Knoblauch verwendet wird, lohnt sich die Anschaffung eines Knoblauchschälers. Der ist für wenige Cent zu haben und sieht aus wie ein abgeschnittenes Stück Gartenschlauch. Werden die Zehen im Schlauch gewalkt, lösen sich die weißen Schalen praktisch wie von selbst. Dieser kleine Küchenhelfer beschleunigt das Knoblauch schälen um das Achtfache.

Kräuter im Bund unters fließende Wasser halten, kurz schütteln, dann mit einem scharfen Messer hacken oder zerkleinern. Bei manchen Kräutern (beispielsweise bei glatter Petersilie, Dill oder Basilikum) zuvor die groben Stiele entfernen. Die Stiele kann man gut in Fleisch- oder anderen klaren Brühen mitkochen.

Paprikaschoten putzen: Die Schote aufs Brett legen, mit einem scharfen Messer die Kappe knapp abtrennen, Fruchtansatz und Fruchtstege mit Daumen und Zeigefinger herausdrücken. Die Schote aufs Brett klopfen (damit die Kerne herausfallen), waschen und je nach Rezept zerkleinern.

Zwiebeln schälen: Den Wurzelansatz der Zwiebel mit einem kleinen scharfen Messer knapp abschneiden und die Schalen mit der Spitze des Messers abziehen. Das dauert nicht mehr als 1 Minute.

Zwiebeln würfeln: Die Zwiebel wie oben beschrieben schälen, dann längs halbieren. Je eine Zwiebelhälfte auf ein Schneidebrett legen, längs dicht ein- aber nicht durchschneiden, die Zwiebelhälfte soll am Ende noch zusammenhalten. Die Hälfte dann in der Höhe ein- oder zweimal quer einschneiden. Die Zwiebel nun quer in Scheiben schneiden, so entstehen perfekte Würfel.

Das Messer muss so scharf sein, dass es ohne Kraftanstrengung durch die Zwiebel gedrückt werden kann. Ist eine Sägebewegung nötig, dann ist das Messer nicht scharf genug. Richtig geschnitten, sind Zwiebelwürfel in $3^1/_2$ Minuten fertig.

Kochen ohne Stress

Nicht übertreiben heißt die Devise: Werden Gäste erwartet, kommen einige gekonnte und genau vorgeplante Speisen auf den Tisch. Das überzeugt mehr (und ist wesentlich nervenschonender) als ein überladener Tisch. Je größer die Gästeschar, umso unkomplizierter sollte der Küchenplan ausfallen. Gehen Sie auf Nummer sicher: Bewährte Rezepte, die garantiert funktionieren, sind Küchenexperimenten vorzuziehen, die zwar durchaus perfekt klappen, aber eben auch misslingen können. Durchdenken Sie alles so detailliert wie möglich. So ist es beispielsweise auch wichtig, dass Sie Vorlieben oder Abneigungen Ihrer Gäste kennen: Vegetarier werden sich über den saftigsten Braten nicht freuen können und Abstinenzler werden selbst herausragenden Weinen wenig abgewinnen.

Kochen Sie für Gäste bereits Erprobtes!

Planen, planen, planen ...

Planen Sie das Menü so, dass Sie möglichst viel vorbereiten oder vorkochen können – das schafft Platz und Übersicht in der Küche. Außerdem wollen Sie sicher nicht den ganzen Abend fern von Ihren Gästen in der Küche verbringen, oder? Ein Zeitplan für die Zubereitung ist unerlässlich – dieses Buch hilft dabei. Wer nach Plan kocht, wird nicht nur schneller fertig, sondern beugt auch unangenehmen Küchenüberraschungen vor.

Führen Sie Buch

Buchhaltung hilft. Notieren Sie in einem Schulheft, was Sie welchen Gästen serviert haben, damit Sie ihnen bei der nächsten Einladung nicht dasselbe Menü auftischen. Außerdem können Sie in dem Heft vermerken, was wirklich gut gelang und was Sie besser noch einmal üben sollten.

ORGANISATION IST FAST ALLES

So wird das Frühstück nicht zum Spätstück

In vielen Familien beginnt der Tag mit einer Katastrophe: der Zubereitung des Frühstücks. Ganz ohne Hexerei, mit ein bisschen Organisationstalent und unserer Hilfe schaffen Sie ein Frühstück für 5 Personen in nur 10 Minuten.

Frühstück für 5 Personen

Zeit	Zutaten	Tätigkeit
00:00 Min.		Butter, Käse usw. aus dem Kühlschrank holen. Kaffeeautomaten vorbereiten oder Topf/elektrischen Wasserkocher mit 1 Liter Teewasser aufsetzen.
01:00 Min.	20 g Butter Teeblätter Kaffee	Herdplatte auf volle Leistung schalten, Pfanne mit darauf stellen. in Kanne einfüllen in den Kaffeefilter löffeln, Automaten einschalten.
03:00 Min.	4 Eier	in die Pfanne geben, Herdplatte auf mittlere Hitze zurückdrehen.
03:30 Min.	4 Scheiben Brot, Toast oder Brötchen	schneiden und/oder bereitstellen.
	Wurst, Butter, Marmelade, Kondensmilch, Zucker,	Geschirr und Besteck mit Tablett autragen, Tisch decken.
07:00 Min.		Leeres Tablett zurück in die Küche tragen, dort oder am Tisch das Brot toasten. Teetrinker brühen jetzt ihren Tee auf. Eier auf Tellern anrichten, auf das Tablett stellen.
09:00 Min.		Toast samt Eiern und Kaffee oder Tee auftragen.
10:00 Min.		Frühstück fertig.

PRAXIS-TIPP

Was direkt aus dem Kühlschrank kommt, ist hart oder schmeckt nicht so gut. Deshalb: so früh wie nur möglich, am besten gleich nach dem Aufstehen und noch vor dem Duschen und Anziehen, Butter oder Margarine, Käse, Honig, Konfitüre und Hartwurst aus dem Kühlschrank holen und bereitstellen.

Zeitraffer

Ein Tablett ist ein echter Zeitraffer, denn es nimmt Ihnen viele Wege ab. Gewöhnen Sie sich deshalb an, ein Tablett zu benutzen, dann wird Zeit sparen quasi zur Routine. Wer täglich das immer gleiche Tablett belädt, vergisst kaum etwas.

Frühes Aufstehen ist lästig. Decken Sie deshalb den Frühstückstisch schon am Abend. Oder stellen Sie wenigstens das Geschirr schon aufs Tablett, dazu noch alles, was nicht verderben kann – etwa Zucker oder Süßstoff für den Kaffee.

Denke dran, schaff Vorrat an …

Ein Rat, den sich Zeitsparfreaks hinter die Ohren schreiben sollten, denn in der schnellen Küche sorgen Vorräte für Tempo. Nicht ohne Grund hat jede Hotel- und Großküche Kühlräume und Gefrierkammern. Beide sind unverzichtbar, denn Berufsköche kochen vor. Machen Sie es ihnen nach! Doch was auf Eis liegt, muss auch wieder entfrostet werden.

Auftauen – von 3 Stunden bis 9 Minuten

Vieles lässt sich tiefkühlen, wir haben hier exemplarisch die Auftauzeiten von Brühen getestet. So lange dauert es, bis $1/2$ Liter tiefgekühlte Brühe auftaut.

Wie?	Womit?	Wie lange?
Mit Heißwasser	Im Wasserkocher 1 Liter Wasser zum Kochen bringen und in einen genügend großen Topf gießen. Den Behälter mit Brühe hineinstellen und einen Deckel auflegen.	20–30 Min.
Im Kühlschrank	Behälter am Vorabend aus dem Tiefkühlgerät nehmen und in den Kühlschrank stellen.	ca. 8 Std.
In der Mikrowelle	Behälter bei 600 W 1 Minute in die Mikrowelle geben. Dann Deckel abnehmen. Mikrowelle auf 360 W zurückschalten und noch 8–10 Min einstellen.	9–11 Min.
Bei Küchentemperatur	Behälter auf Handtuch in die Küche stellen. Nach ca. 1 Stunde den Deckel entfernen und den Topf mit einem feinem Küchensieb (gegen Fliegen etc.) abdecken.	ca. 3 Std.
Im Kochtopf	Geschlossenen Behälter kurz unter fließendes heißes Wasser halten. Inhalt mit etwas heißem Wasser in den Kochtopf geben und abgedeckt bei mittlerer Stufe auf den Herd stellen.	ca. 10 Min.

Frittata

FÜR DEN KLEINEN HUNGER

FÜR DEN KLEINEN HUNGER

Kleine, feine Schnittchen

SIe sind schnell gemacht und stillen den ersten Hunger. Mit Fantasie und verschiedenen Zutaten lassen sie sich nach Lust und Laune abwandeln.

Very simple: British Fried Bread

Für 2 Portionen

00:00 Min.	40–50 g Butter	Eine große Pfanne stark erhitzen darin heiß werden lassen,
01:30 Min.	2 große Scheiben Brot	(jede weiße oder helle Sorte) in der Butter von beiden Seiten braun braten.
02:45 Min.		Fertig!
	weiteres Bratfett	Danach nach Bedarf teelöffelweise zugeben und weiteres Brot braten.

TIPP
Verbrannte Brösel mit reichlich Küchenkrepp aus der Pfanne reiben – danach weiterbraten.

Varianten

Bruschetta

⊕ 02:00 Min.

Für 2 Portionen
200 g stückige Tomaten mit 1 geschälten und durchgepressten Knoblauchzehe und 1 EL gehacktem Basilikum sowie einigen gehackten Rucolablättchen vermischen, auf den Broten anrichten.

Crostini mit Leberpastete

⊕ 02:00 Min.

Für 2 Portionen
1 Knoblauchzehe halbieren, Brote damit bestreichen. 50 g getrüffelte Leberwurst mit 2 TL Cognac und 1 Briefchen gemahlenen Pilzen verrühren und die Brote damit bestreichen.

Meerrettichbrot

Für 2 Portionen

200 g Sahnequark mit 2 EL Milch und 1 EL Meerrettich verrühren. Mit Salz, Pfeffer und Zitronensaft würzen. 1/2 Paprikschote fein würfeln und unterrühren. Den Quark auf den Broten verteilen, mit gehacktem Schnittlauch bestreuen.

⊕ 04:00 Min.

Frühlingsbrot

Für 2 Portionen

100 g Frischkäse mit 5 geraspelten Radieschen und 2 klein gehackten Frühlingszwiebeln verrühren, mit Salz und Pfeffer würzen, Brote damit bestreichen und mit Radieschenscheiben belegen.

⊕ 04:00 Min.

Pilz-Schnitten

Für 2 Portionen

200 g TK-Champignonscheiben in 1 EL Olivenöl dünsten. 1 fein gehackte Schalotte und 1 fein gehackte Knoblauchzehe sowie 2 TL gehackte Petersilie dazugeben und mitdünsten. Die Masse mit Salz und Pfeffer würzen und mit 50 g Butter pürieren. Die Brote damit bestreichen und mit gehackter Petersilie bestreuen.

⊕ 10:00 Min.

Avocado-Toast

Für 2 Portionen

1 Avocado halbieren, den Kern entfernen. Die Hälften schälen und in Spalten schneiden. Die Brote damit belegen, die Avocadospalten mit Zitronensaft beträufeln. 100 g ausgelöste gegarte Krabben auf den Avocadoscheiben anrichten, nach Belieben etwas Mayonnaise oder Cocktailsauce darauf verteilen, mit kleinen Dillzweigen garnieren.

⊕ 03:00 Min.

Frischkäse-Apfel-Schnitten

Für 2 Portionen

50 g Frischkäse mit 50 g Apfelmus verrühren, mit 1 TL Honig, 1 Prise Zimt und etwas Zitronensaft würzen, die Brote damit bestreichen, nach Belieben mit Apfelscheiben belegen.

⊕ 02:00 Min.

FÜR DEN KLEINEN HUNGER

Ei, Ei, Ei ...

Eier sind ein vielseitiges Lebensmittel – und dazu auch noch schnell zubereitet. Am schnellsten gelingen Blitzrührei und Omelette. Dabei ist das Omelette meist der erste Schritt zu etwas Opulenterem.

Das Blitz-Rührei

Für 4 Portionen

00:00 Min.		Herdplatte auf volle Leistung schalten und eine beschichtete Pfanne darauf erhitzen.
01:00 Min.	20 g Butter oder 1 EL Öl	in die Pfanne geben und heiß werden lassen. Inzwischen
01:10 Min.	8 Eier, Salz und Pfeffer	mit einem Schneebesen gut verquirlen.
02:00 Min.		Die Masse in die Pfanne gießen und stocken lassen. Herd auf mittlere Stufe zurückschalten.
03:30 Min.		Die angestockten Eier mit einem Holzlöffel von außen nach innen locker zusammenschieben, bis sie vollständig gestockt sind. Parallel dazu Teller vorwärmen und die Eier darauf anrichten.
06:00 Min.		Fertig.

PRAKTIKERTIPP

Sie können das Rührei nach Geschmack mit gehacktem Schnittlauch bestreuen, das sieht nicht nur schön aus, es schmeckt auch gut. Den Schnittlauch dafür waschen, trockenschütteln und in Röllchen schneiden, während das Ei stockt. Rührei per Hand schlagen, das geht schneller als mit dem Elektrorührgerät.

Varianten

Kräuterrührei

Für 4 Portionen
Sieht gut aus, schmeckt toll und ist gesund: Gehackten oder geschnittenen Dill oder Schnittlauch sowie gehackte Petersilie mit dem Ei verquirlen. Wenn Sie Tiefkühlkräuter nehmen, können Sie diese gefroren verarbeiten. Zeitersparnis zu frischen Kräutern: 2 Minuten.

⊕ 02:00 bis 03:00 Min.

Rührei mit gewürfeltem Speck oder Schinken

Für 4 Portionen
Speck- oder Schinkenwürfel etwa 1 Minute bei starker Hitze braten, währenddessen die Eier schlagen.

⊕ 08:00 Min.

Teufelsei

Für 4 Portionen
$^1/_2$ TL Cayenne-Pfeffer oder 5 Spritzer Chilisauce unter das geschlagene Ei geben.

⊕ 00:00 Min.

Rührei mit Paprika und Zwiebel

Für 4 Portionen
$^1/_2$ fein gewürfelte Zwiebel, 1 fein gehackte Knoblauchzehe, $^1/_2$ fein gewürfelte Paprikaschote gut im Fett anbraten und mit den Eiern vermischen.

⊕ 02:00 Min.

- Statt frischer Kräuter Tiefkühlkräuter nehmen, das spart Zeit fürs Waschen und Zerkleinern.
- Speckwürfel gibt es schon fertig geschnitten zu kaufen. Sie müssen also nichts mehr klein schneiden.
- Im Tiefkühlsortiment finden Sie auch gehackte Zwiebeln.
- Wer eingelegten Knoblauch verwendet, muss nicht mehr pellen.
- Während Sie etwas schneiden, schon mal Herdplatte und Pfanne oder Backofen vorwärmen.

Zeitraffer

FÜR DEN KLEINEN HUNGER

Eier flach gelegt ...

Omelettes gesellen zu ihren äußeren gerne auch innere Werte. Damit tun sie sich leicht, denn ihr neutraler Geschmack harmoniert perfekt mit süßen oder pikanten Zutaten. Ob als Vorspeise, zum Frühstück, Brunch oder Abendessen serviert – mit ein paar Kniffen verwandeln sie sich in raffinierte Delikatessen oder schnelles Fingerfood. Es kommt darauf an, was Sie draus machen.

Das Turbo-Omelette

Für 4 Portionen

00:00 Min.		Eine beschichtete Pfanne vorheizen.
01:00 Min.	1 EL Öl	darin erhitzen. In der Zwischenzeit
	8 große Eier, 3 EL Wasser, Salz und Pfeffer	mit einem Schneebesen gut verquirlen.
02:00 Min.		Jeweils ein Viertel davon in die Pfanne gießen. Die Pfanne dabei schräg halten, damit sich die Eiermasse gleichmäßig verteilt.
02:30 Min.		Die Masse stocken lassen. Das Omelette mit einem Holzspatel lösen, dann vom Pfannenstiel her einrollen.
03:00 Min.		Fertig.

Ist die Pfanne erst einmal heiß, ist jedes weitere Omelette in 00:30 Minuten fertig.

Varianten

Rahmspinatrolle

⊕ 15:00 bis 30:00 Min.

Für 4 Portionen
300 g TK-Rahmspinat erhitzen. 2 EL geriebenen Parmesan, 100 g Ricotta und nach Belieben klein geschnittenen Schinken oder Krabben darunter mengen. Die Omelettes mit dieser Füllung bestreichen, einrollen und servieren. Wer mag, macht eine Béchamelsauce dazu: Die aufgerollten Omelettes in eine gebutterte feuerfeste Form legen, mit der Sauce begießen, mit geriebenem Gruyère bestreuen und im Backofen bei 220 °C in ca. 15 Minuten goldgelb überbacken.

Spinatrolle mit Schafskäse

Für 4 Portionen

300 TK-Blattspinat mit 50 ml Gemüsebrühe in einen Topf geben und abgedeckt bei schwacher Hitze auftauen lassen. 1 gehackte Zwiebel und 1–2 fein gehackte Knoblauchzehe(n) in etwas Butter glasig dünsten. Den Spinat ausdrücken, klein schneiden, mit Zwiebel und Knoblauch mischen. 100 g zerdrückten Schafskäse oder Roquefort sowie 1 EL Crème fraîche unterrühren. Die Omelettes damit bestreichen und aufrollen.

⊕ 15:00 Min.

Ratatouille-Omelette

Für 4 Portionen

300 g TK-Ratatouille nach Packungsangabe erhitzen. 1 Hähnchenbrustfilet in Streifen schneiden, in etwas Butter oder Pflanzenöl anbraten, unter die Ratatouille mischen. Die Omelettes damit füllen, die Füllung mit etwas geriebenem Gruyère bestreuen

⊕ 15:00 Min.

Omelette auf asiatische Art

Für 4 Portionen

1 Bund Frühlingszwiebeln waschen, putzen und fein zerkleinern. 1 rote Paprikaschote waschen, putzen und würfeln. 200 g Sojasprossen aus dem Glas abtropfen lassen. Frühlingszwiebeln und Paprikaschote in etwas Öl anbraten, Sojasprossen unterrühren. Mit Reiswein und Sojasauce ablöschen, mit Asiagewürz würzen und 200 g Garnelen unterrühren, kurz erwärmen. Die Omelettes damit füllen.

⊕ 20:00 Min.

Omelette mit Hühnerleber

Für 4 Portionen

6 Hühnerlebern und 1 klein gehackte Zwiebel in 2 EL Butter dünsten. 4 EL Weißwein angießen, mit Salz, Pfeffer und 2 EL gehackter Petersilie würzen. Die Omelettes damit füllen, einschlagen und servieren.

⊕ 15:00 Min.

> **PRAKTIKERTIPP**
> Beim Bauernfrühstück und ähnlichen Gerichten werden heiße Füllungen (Bratkartoffeln, Gemüse etc.) in ein Omelette eingeschlagen. Diese Füllungen einfach auf einer Hälfte des Omelettes verteilen, die andere darüber klappen. Omelette und Füllung noch einmal erwärmen (z. B. im Backofen bei 150 °C) und dann servieren.

Tiefkühlprodukte sparen Zeit

FÜR DEN KLEINEN HUNGER

Eierpfannkuchen

Egal ob opulente Omelettes oder schlichte Eierpfannkuchen: Universalgenies für kreatives Kochen sind beide.

Für 4 Portionen

00:00 Min.		Herdplatte auf mittlerer Stufe vorheizen, Pfanne darauf stellen und Backofen auf 80 °C vorheizen.
01:00 Min.	3 Eier, $^1/_2$ l Milch, 1 Prise Salz 250 g Mehl	mit gründlich verquirlen. Nach und nach unterrühren, bis ein glatter Teig entstanden ist.
05:00 Min.	1 EL Öl	Pro Pfannkuchen in die Pfanne geben und ca. 1 kleinen Schöpflöffel Teig darin verteilen. Pfannkuchen auf der Unterseite backen, dann wenden und die zweite Seite backen.
11:00 Min.		Fertige Pfannkuchen im Backofen warm halten.
		Weitere Pfannkuchen backen, bis der ganze Teig verbraucht ist. Die fertigen Pfannkuchen nach Belieben füllen oder mit einer Beilage servieren.

Nach dem ersten Eierpfannkuchen benötigt jeder weitere nur noch knappe 4 Minuten Zubereitungszeit in der Pfanne, weil die Vorbereitung des Teigs wegfällt.

Varianten

Kalte Pfannkuchen mit Frischkäse-Lachs-Füllung

⊕ 01:00 Min. Für 4 Portionen
Die kalten Pfannkuchen mit Kräuterfrischkäse und Räucherlachs belegen und aufrollen. In fingerdicke Scheiben geschnitten entstehen Eierlachsröllchen, die – wie alle aufgeschnittenen Rollen – als Fingerfood serviert werden können.

Kalte Pfannkuchen mit Schinken-Ricotta-Füllung

Für 4 Portionen

300 g Ricotta mit 150 g geriebenem Emmentaler und 150 g fein gewürfeltem Schinken verrühren, mit Salz und Pfeffer würzen. Die erkalteten Pfannkuchen damit füllen, fest aufrollen und kalt stellen. Kurz vor dem Servieren in nicht zu dünne Scheiben schneiden.

⊕ 05:00 Min.

Champignonpfannkuchen

Für 2 Portionen

2 Scheiben gekochten, gewürfelten Schinken in 2 TL Butter scharf anbraten. 150 g TK-Champignons in Scheiben dazugeben. Mit Salz und Pfeffer würzen. Während der Schinken anbrät, 50 g Sahne mit 1 Msp Speisestärke verrühren, unter die Champignons rühren, kurz aufwallen und danach etwas abkühlen lassen. $^1/_2$ Bund Petersilie hacken und unterrühren. Die Pfannkuchen mit der Champignonsauce füllen, die Pfannkuchen einrollen.

⊕ 16:00 Min.

> **TIPPS**
>
> Blättrig geschnittene Champignons aus der Tiefkühltruhe verlieren zwar viel Wasser, sparen aber Zeit in der Küche, weil sie direkt aus der Packung verwendet werden können.
>
> Dosenchampignons sparen sogar 7 Minuten Zeit, sind aber geschmacklich nicht gerade der Hit.

Süße Pfannkuchen

Für 4 Portionen

Die fertigen Pfannkuchen mit Orangenmarmelade oder Pflaumenmus bestreichen, aufrollen und nach Belieben mit etwas Cointreau oder Limoncello beträufeln.

⊕ 00:30 Min.

Quarkpfannkuchen

Für 4 Portionen

1 Päckchen Rum-Rosinen (Backregal) und 50 g Kokosflocken mit 250 g Sahnequark verrühren. Mit Zucker und abgeriebener unbehandelter Zitronenschale abschmecken. Diese Masse auf die erkalteten Pfannkuchen streichen, aufrollen.

⊕ 02:00 Min.

FÜR DEN KLEINEN HUNGER

Frittata – das Italo-Gemüse-Omelette

Für 4 Portionen

00:00 Min.	300–350 g weißen oder grünen Spargel	schälen und in 4 cm lange Stücke schneiden.
	1 mittelgroße Zwiebel,	in feine Ringe schneiden.
10:00 Min.	20 g Butter	in einer beschichteten Pfanne zerlassen, Spargel und Zwiebel darin etwa 10 Minuten abgedeckt dünsten. Inzwischen
	2 Tomaten	vom Stielansatz befreien, achteln, Kerne herausdrücken.
12:00 Min.	8 große Eier, 1/2 TL getr. Oregano, 1/4 TL Salz, 4–5 EL Wasser, 150 g geriebenen Gouda	mit einem Schneebesen verrühren.
20:00 Min.		Das vorgegarte Gemüse mit den Tomatenachteln in der Pfanne verteilen, die Hälfte der Ei-Käse-Mischung darüber geben und bei mittlerer Hitze bis etwa
25:00 Min.		stocken lassen und auf feuerfesten Teller geben. Restliche Ei-Käse-Mischung über die Frittata verteilen und
27:00 bis 30:00 Min.		unter einen Grill schieben. Die Frittata in vier Teile schneiden und sofort heiß servieren. Für Brunch und Büffet wird sie in 16 Teile zerteilt und zimmerwarm aufgetragen.

Zeitraffer

Wenn Sie statt frischem tiefgekühlten Spargel nehmen, spart das 5 Minuten fürs Schälen. Weitere 2 Minuten Zeitersparnis bringen gehackte TK-Zwiebeln.

Varianten

Tomaten-Zucchini-Frittata

Für 4 Portionen

2 Tomaten und 2 kleine Zucchini in Scheiben schneiden, die Scheiben in 2 EL Öl kurz von beiden Seiten anbraten. Weiter verfahren, wie im Rezept (links) beschrieben. Die fertige Frittata mit 2 EL fein geschnittenem Schnittlauch bestreuen.

⊕ 00:00 Min.

Mais-Erbsen-Frittata

Für 4 Portionen

Je 1 kleine Dose Erbsen und Mais abtropfen lassen, mit 1 klein gewürfelten roten Paprikaschote vermischen. Die Mischung auf der Eiermasse verteilen, backen wie im Rezept beschrieben.

⊕ 08:00 Min.

Brokkoli-Möhren-Frittata

Für 4 Portionen

250 g Tiefkühl-Brokkoliröschen in kochendem Salzwasser 5 Minuten blanchieren, abgießen, abtropfen lassen. Möhren aus der Dose abtropfen lassen. Mit dem Brokkoli auf der Eimasse in der Pfanne verteilen, mit gehackter Petersilie bestreuen.

⊕ 05:00 Min.

Frühlingszwiebel-Pilz-Frittata

Für 4 Portionen

200 g Champignons in feine Scheiben schneiden. 1 Bund Frühlingszwiebeln fein hacken. Beides in 2 EL Olivenöl andünsten, dann unter den Frittata-Teig mischen und diese wie im Rezept beschrieben backen.

⊕ 05:00 Min.

TIPP

Wenn Sie die Frittata in der abgedeckten Pfanne ausbacken, dann gewinnt die Eimasse an Volumen. Soll dieser Effekt gefördert werden, 1/2 Päckchen Backpulver mit Ei und Käse verquirlen.

FÜR DEN KLEINEN HUNGER

Koreanische Gemüseküchlein

Für 2 Portionen

00:00 Min.	1 EL Mehl 1 mittelgroßes Ei ½ TL Salz ½ TL gemahlenen Pfeffer	gut verquirlen.
03:00 Min.	2 kleine Zucchini 2 EL Erdnussöl	mit einem Gurkenhobel in Scheiben schneiden und auf Küchenkrepp abtrocknen lassen. Inzwischen Pfanne mit erhitzen und Zucchinischeiben mit etwas Mehl bestäuben.
09:00 Min.		Zucchini in der Eiermischung wenden, mit einem Kochlöffel in das sehr heiße Fett geben und daraus jeweils Handteller große Küchlein backen.
18:00 Min.		Fertig!

Variante

Ho-Bak-Chon-Taler

Für 2 Portionen
Wenn Sie die Zucchini dicker schneiden, können Sie die Scheiben einzeln in Mehl und Eimasse wenden und von beiden Seiten im heißen Öl ausbacken. Die Taler herausnehmen und auf Küchenpapier abtropfen lassen.
Auch gut: Ho-Bak-Chon aus Auberginen- oder Tomatenscheiben.

> **TIPP**
> In Korea werden große Teller mit sehr unterschiedlichen Ho-Bak-Chon aufgetragen. Dort sind auch Küchlein mit Salbeiblättern, hauchdünnen Zwiebelscheiben, Mais und Erbsen oder streifig geschnittenem Salat üblich. Die Ho-Bak-Chon werden als kleine Beilagen oder als Vorspeise, oft aber als Snack serviert.

Spiegeleier braten – fast ein Kinderspiel

Ein Spiegelei kann (fast) jeder zubereiten. Bei der Frage danach, wie lange es dauert, bis ein Spiegelei serviert werden kann, irrt sich aber auch fast jeder. So schnell, wie allgemein angenommen, geht das Eier braten doch nicht.

Für 4 Portionen

	Herdplatte auf mittlere Stufe schalten und Pfanne (17 cm ⌀) erhitzen.	00:00 Min.
10 g Butter	in der Pfanne zerlassen.	01:30 Min.
1 Ei	in die Pfanne geben.	02:00 Min.
	Herdplatte abschalten und das Ei fertig garen.	05:00 Min.
Salz und Pfeffer	Die Eier anrichten, mit würzen.	07:00 Min.

Variante

Spiegeleier für die Brunch-Party

Backofen auf 80 °C vorheizen und die Eier in mehreren Pfanne gleichzeitig bis kurz vor dem optimalen Punkt (etwa bis 06:30 Min.) vorbraten. Die Eier auf einem leicht gefetteten Blech warm halten. So können größere Mengen Spiegeleier gleichzeitig serviert werden. Mit dieser Methode lassen sich etwa 15 Minuten vor dem Servieren überbrücken. Danach werden die Eier ledrig und verlieren an Geschmack.

So gelingen Spiegeleier

Salz und Pfeffer: Weißlich-glasige Flecken auf Eidottern entstehen, wenn Eier schon in der Pfanne gesalzen wurden. Das Salz entzieht dem Dotter Feuchtigkeit. Spiegeleier nach dem Braten, kurz vor dem Servieren, salzen und pfeffern – oder alle bei Tisch nach eigenem Geschmack würzen lassen. Schinkeneier brauchen länger.

Pfeffer und Salz sind die verbreiteten Würzmittel für Eier. Curry, Paprikapulver, Thymian (wenig) oder auch Majoran, allein oder gemischt, sind ebenfalls beste Eiergewürze.

Beschichtete mittelschwere bis schwere Pfannen sind für das Eierbraten ideal. Holzspatel und »Pfannenwender« aus Kunststoff erleichtern das Wenden von Eiern und das Aus-der-Pfanne-heben.

Eggs and Bacon

Die klassischen englischen Brateier mit (Frühstücks-)Speck oder Frühstücksschinken, schmecken nur, wenn Speck oder Schinken (etwa 50 g pro Person) kross und knusprig aus der Pfanne kommen – das klappt nur bei dünnen Scheiben. Der Speck darf nur so dick sein wie eine Scheibe Salami. Zu dicker Speck kocht in der Pfanne und wird dann nicht knusprig sondern zäh.

Zwei Pfannen bereitstellen

Für Eggs and Bacon braucht man zwei Pfannen, die zur gleichen Zeit aufgeheizt werden. Nach etwa 2 Minuten Butter in die Eierpfanne und etwas Öl in die Speckpfanne geben. Bei der Speckpfanne wird mit großer Hitze gearbeitet, deshalb nicht zurückschalten. Speck und Eier in die Pfannen geben und die Speckpfanne nach 4 Minuten abschalten. Der Bacon brät dann in der Restwärme fertig. Wird Speck auf Vorrat gebraten, diesen auf Brotscheiben (die saugen das Fett auf) im Backofen bei 80 °C warm halten. Das Brot nimmt den Geschmack an und kann später als Unterlage etwa für pikante Toastgerichte verwendet werden.

Die Spiegeleier-Uhr

Pfanne 17cm ⌀	1 Ei (70 g), 10 g Butter	2 Eier (140 g), 10 g Butter	4 Eier (280 g), 20 g Butter
Vorheizen, mittlere Stufe	0:00 - 1:30 Min.	0:00 - 1:30 Min.	0:00 - 1:30 Min.
Butter schmelzen, mittlere Stufe	1:30 - 2:00 Min.	1:30 - 2:00 Min.	1:30 - 2:00 Min.
Ei(er) braten, auf mittlerer Stufe	2:00 - 5:00 Min.	2:00 - 5:30 Min.	2:00 - 6:00 Min.
Nachgaren, Herdplatte ausschalten	5:00 - 7:00 Min.	5:30 - 7:30 Min.	6:00 - 8:30 Min.

4 Spiegeleier in 2 Pfannen braten – das spart Zeit.

Ein Ei ist in 7 Minuten fertig gebraten. Werden mehr Eier gebraten, verlängert sich die Zubereitungszeit, weil die zusätzlichen Eier das Bratfett abkühlen, das verzögert den Garprozess.
Werden die Eier von beiden Seiten gebraten (amerikanische Art), verlängert sich die Zubereitungszeit jeweils um $1^1/_2$ (1 Ei) bis 2 Minuten (2 bis 4 Eier).

Gekochte Eier: weich, wachsweich oder hart?

Weiche Eier

Bei Eiern, die 4 Minuten oder kürzer gekocht werden (zum Beispiel, um Eier im Glas zu servieren) bleiben ein Teil des Eiweiß und das gesamte Eigelb flüssig. In 4 Minuten Kochzeit wird aus einem mittelgroßen Ei das typische »weich gekochte Ei«.

Wachsweiche Eier

Bei Eiern, die 5 bis 6 Minuten gekocht werden (gewichtsabhängig) umhüllt das fest gewordene Eiweiß flüssiges Eigelb – das Ergebnis wird als »wachsweiches Ei« treffend beschrieben.

Harte Eier

Ab 8 bis 10 Minuten reine Kochzeit werden Eiweiß und Eigelb hart, die »harten Eier« sind fertig.

Sehr harte Eier

Bei Eiern, die 10 Minuten und länger gekocht werden, sprechen Profis von sehr harten Eiern, bei ihnen färbt sich das Eigelb in der Randschicht dunkel (leichter Blau- oder Grünstich). Wie lange Eier gekocht werden, ist eine reine Geschmacksfrage.

Tipps, Tipps, Tipps …

Aus der Profi-Trickkiste

- Werden Eier in warmem Wasser vorgewärmt, wird beim Kochen Zeit gespart. Das lohnt sich allerdings nur bei größeren Mengen.

- Eier platzen seltener auf, wenn sie in kaltem Wasser aufgesetzt werden.

- Das Anpieksen von Eiern schützt nicht zuverlässig vor dem Aufplatzen, sehr frische Eier platzen danach sogar häufiger auf als nicht angepiekste, weil dabei Haarrisse entstehen, die beim Kochen aufbrechen. Ältere Eier dagegen werden so eher vor dem Aufplatzen geschützt, weil ihre Schale undurchlässiger und die Luftkammer größer wird – der Pieks sorgt für den Druckausgleich.

- Bei sehr lange gekochten Eiern härtet Eiweiß kräftiger aus, damit verändert sich der Geschmack.

- Abschrecken der Eier in kaltem, fließendem Wasser oder Eiswasser verhindert das Nachgaren der Eier. Eier zunächst mit größtmöglicher Hitze ankochen, dann bei mittlerer bis niedriger Hitze fertig garen. Je nach Zahl der Eier kann eine Herdplatte 30 Sekunden bis 1 Minute vor Ende der Garzeit ganz ausgeschaltet werden.

FÜR DEN KLEINEN HUNGER

Eier kochen – Schritt für Schritt

»Wenn ein weich gekochtes Ei 5 Minuten braucht, wie lange kochen dann fünf 5-Minuten-Eier?« Die Frage erscheint überflüssig, ist es aber nicht: Fünf 5-Minuten-Eier benötigen zusammen 10 Minuten und 10 Sekunden Zubereitungszeit!
Die Kochzeit ist nämlich von der Zahl der Eier abhängig. Je mehr Eier zusammen gekocht werden, umso länger dauert es, denn jedes zusätzliche Ei kühlt das Kochwasser ab und muss dazu auch noch selbst erhitzt werden.
Weil für ein »5-Minuten-Ei« Handgriffe vor und nach dem Kochen notwendig sind, ist das 5-Minuten-Ei genau genommen ein 9-Minuten-Ei.

Für 4 Eier

00:00 Min.	4 Eier (je 50–70 g) 300 ml kaltem Wasser	mit in einen Topf geben.
01:00 Min.		Wasser auf höchster Stufe zum Kochen bringen.
03:45 Min.		Wenn das Wasser kocht, die Eieruhr stellen.
08:45 Min.		Wasser abgießen, Eier unter fließendem, kaltem Wasser abschrecken.
09:15 Min.		Fertig.

TIPPS

Weich gekochte Eier müssen, wenn sie gleich serviert werden, nicht abgeschreckt werden, wenn die Eier »geköpft« werden – wenn also die obere Kappe zum Essen abgeschnitten wird.

Mit jedem zusätzlichen Ei verlängert sich die Zeit bis das Wasser kocht. Ab dann bleibt die Garzeit aber gleich.

Hart gekochte Eier halten sich im Kühlschrank problemlos eine Woche. Doch sie taugen nicht nur zur Dekoration – siehe Rezepte auf der rechten Seite.

Gefüllte Eier mit Petersilienmousse

Für 12 Stück

2 Blatt Gelatine	in kaltem Wasser einweichen.	00:00 Min.
12 hart gekochte Eier	schälen und längs halbieren. Die Dotter herauslösen.	
2 Bund Petersilie	waschen, trockenschütteln und ohne die groben Stiele fein hacken.	03:00 Min.
2 Schalotten und 1 Knoblauchzehe	schälen und fein würfeln.	05:00 Min.
2 EL Butter	in einer Pfanne erhitzen, Schalotte und Knoblauch darin glasig dünsten, die Petersilie hinzufügen und kurz mitdünsten.	
	Die Gelatine tropfnass in einen Topf geben, unter Rühren erhitzen und auflösen.	10:00 Min.
100 g saure Sahne	aufschlagen. Mit	12:00 Min.
100 g Ricotta und 50 g geriebenem Parmesan	verrühren, die Eigelbe zerdrücken und darunter mengen. Die Schalotten-Petersilien-Mischung sowie die Gelatine unterrühren und die Creme mit	
Salz, Pfeffer und Cayennepfeffer	würzen. Die Masse etwa 4 Stunden kalt stellen. Dann in einen Spritzbeutel mit Sterntülle füllen und in die ausgehöhlten Eierhälften spritzen.	15:00 bis 18:00 Min.

TIPP
Diese Petersilienmousse schmeckt auch sehr gut in ausgehöhlten Cocktailtomaten. Dafür von den Tomaten einen kleinen Deckel abschneiden und das Fruchtfleisch der Tomaten mit einem kleinen spitzen Löffel herauslösen.

Variante

Garnelen-Eier

Für 12 Stück
Harte Eigelbe, 100 g Garnelen, 4 EL Mayonnaise, Salz, Pfeffer und Cayennepfeffer pürieren. Die Masse mit etwas Cognac abschmecken, in einen Spritzbeutel füllen und in die Eihälften spritzen. Mit Krabben und Schnittlauchhalmen garnieren.

Zuppa alla Pavese

Immer eine gute Suppe

FÜR DEN KLEINEN HUNGER

Suppen sind schnell zubereitet und vielseitig einsetzbar. Sie können als Vorspeise, als erster oder Zwischengang serviert werden und sind immer eine schnelle, leichte Mahlzeit zwischendurch.

Zeitraffer

Instantbrühen gehören eigentlich in jede Küche, denn sie sind in Minutenschnelle fertig. Durch Zugabe von Suppengemüse oder Bouquet garni (Suppenkräuter) werden sie geschmacklich aufgewertet. Für Vegetarier empfehlen sich Gemüsebrühen. Wer selbst gekochte Brühen bevorzugt, kann sich getrost ans Werk machen, denn sehr arbeitsaufwändig ist das Kochen von Brühe nicht – außerdem kann man sich ja auch einen Tiefkühl-Vorrat anlegen.

Asiatische Express-Nudelsuppe

Für 4 Portionen

00:00 Min.	1 l Wasser 4 EL Instant-Gemüsebrühe	mit zum Kochen bringen.
07:20 Min.	Pro Portion 1 Nest schnellkochende chinesische Weizennudeln	in Suppenteller oder Suppentassen geben.
08:30 Min.	Pro Portion $1/2$–1 TL gehackten Koriander Schnittlauch, Kresse, Basilikum	dazugeben und/oder andere klein geschnittene Kräuter wie darüber streuen und die heiße Brühe darüber gießen. Mit
08:40 Min.	$1/2$–1 TL Zitronen- oder Limettensaft	abschmecken. Die Nudeln 2 Minuten in der Brühe ziehen lassen.

TIPP
Diese Suppe ist auch für Vegetarier geeignet.

Varianten

Glasnudelsuppe

Für 4 Portionen
Die Weizen- durch Glasnudeln ersetzen. Dafür die Glasnudeln nach Packungsangabe einweichen, dann in Stücke schneiden und in der Brühe ziehen lassen.

⊕ 05:00 Min.

> **DIE SCHNELLE NUDEL – NICHT NUR FÜR SUPPEN**
>
> - Glasnudeln sind nach 2 Minuten fertig gegart. Deshalb gibt man sie erst zum Schluss in die kochende Brühe.
> - Auch die schnellkochenden Eiernudeln aus China (quick-cooking Noodles) garen im Handumdrehen, sind also perfekt für die Zeitsparküche. Ganze $2^{1}/_{2}$ Minuten benötigen sie nur um zu garen – und das sogar in der Suppentasse oder dem Suppenteller.

Gemüsesuppe

Für 4 Portionen
1 Bund Frühlingszwiebeln waschen, putzen und klein schneiden. Möhren und Zucchini in feine Stifte schneiden oder auf einer Gemüsereibe grob raspeln. In die heiße Brühe geben und darin etwa 5 Minuten ziehen lassen.

⊕ 10:00 Min.

Brühe mit Garnelen und Sojasprossen

Für 4 Portionen
1 Bund Frühlingszwiebeln waschen, putzen und klein schneiden, mit 100 g frischen Sojasprossen in 2 EL Öl anschwitzen, 200 g Garnelen untermischen, mit der Brühe aufgießen.

⊕ 02:00 Min.

Brühe mit Hähnchenbrustfilet und Zuckerschoten

Für 4 Portionen
Brühe erhitzen. 250 g Zuckerschoten waschen, putzen und schräg in Streifen schneiden. 200 g Hähnchenbrustfilet in feine Scheiben schneiden. Zuckerschoten und Fleisch etwa 5 Minuten in der leicht siedenden Brühe garen.

⊕ 10:00 Min.

FÜR DEN KLEINEN HUNGER

Brühen kochen – ganz easy

Fleisch- und Knochenbrühe

Für ca. 4 Liter Brühe

00:00 Min.	ca. 2 l Wasser	in einem großen Topf zum Kochen bringen.
10:00 Min.	ca. 2 kg Rinderknochen	(grob gehackt) kalt abbrausen, ins kochende Wasser geben, 5 Minuten kochen lassen. Wasser abgießen, Topf säubern, Knochen mit 5 l kaltem Wasser aufsetzen, alles zum Kochen bringen.
25:00 Min.	2 mittelgroße Möhren und $1/4$–$1/2$ Sellerieknolle	gut waschen und in grobe Stücke schneiden.
30:00 Min.	1 EL Öl	in einer Pfanne erhitzen.
30:30 Min.	1 Petersilienwurzel	gut waschen und längs vierteln.
	1 Zweig Liebstöckel	waschen.
	2 Zwiebeln	schälen und halbieren, mit den Schnittflächen in der Pfanne dunkelbraun rösten. Mit den vorbereiteten Gemüsen sowie
	3 Lorbeerblättern, 1 EL zerdrückten Wacholderbeeren, 1 EL Pfefferkörnern	in eine Schüssel geben und zur Seite stellen.
35:00 Min.	2 Tomaten	waschen, halbieren und beiseite stellen. Sobald das Wasser kocht, die Herdplatte auf mittlere Stufe zurückschalten. Aufsteigenden Schaum mit einem Schaumlöffel entfernen.
40:00 Min.		Gemüse mit Gewürzen sowie
	3 TL Salz	zu den Knochen geben, alles bei schwacher Hitze offen köcheln lassen.
	$1/2$ l kaltes Wasser	angießen. Die Tomaten dazugeben, kurz ziehen lassen.
45:00 Min.		Die Brühe durch ein feines Sieb passieren, erneut aufkochen lassen, dann in Gefrierbehälter (zu je $1/2$ Liter Inhalt) umfüllen.

Suppeneinlagen
Butterklößchen

Für 4 Portionen ⊕ 10:00 Min.

110 g Butter schaumig rühren. 2 Eier leicht verquirlen und unter die Butter rühren. 110 g Mehl sowie je 1 Prise Salz und Muskatnuss dazugeben und untermengen. Die Masse etwa 1 Stunde ruhen lassen. Brühe zum Kochen bringen. Von der Masse mit einem angefeuchteten Kaffeelöffel Nocken abstechen und in der leicht siedenden Brühe etwa 5 Minuten ziehen lassen. Nach Belieben können Sie den Teig mit Safran, Tomatenmark, gehacktem Spinat oder zerkleinerten Kräutern färben.

Grießnockerl

Für 4 Portionen ⊕ 15:00 Min.

80–100 g Butter schaumig rühren. Dann im Wechsel 120 g Grieß, 3–4 Eier und 1 EL Mehl unterrühren. Die Masse mit Salz und Muskatnuss würzen und zugedeckt 1 Stunde ruhen lassen. Brühe zum Kochen bringen. Mit einem Ess- oder Kaffeelöffel Nocken von der Masse abstechen und in der siedenden Brühe etwa 10 Minuten köcheln lassen, dann noch 20 Minuten bei schwacher Hitze ziehen lassen.

Flädle

Für 4 Portionen ⊕ 20:00 Min.

125 g Mehl in eine Rührschüssel geben. 1–2 Eier und $1/4$ l Milch unterrühren. Den Teig mit Salz würzen und etwa 10 Minuten quellen lassen. Etwas Fett in einer Pfanne zerlassen. Darin aus dem Teig hauchdünne Pfannkuchen backen, herausnehmen, kurz abkühlen lassen, aufrollen. Die Rollen abkühlen lassen, dann in feine Streifen schneiden. Mit fein geschnittenem Schnittlauch in die heiße Brühe geben.

Eierstich mit Milch

Für 4 Portionen ⊕ 25:00 Min.

Backofen auf 160 °C vorheizen. 1 Ei, 1 Eigelb und 100 ml Milch miteinander verquirlen, mit Salz und Pfeffer würzen. Den Eierstich in eine flache, feuerfeste Form geben und diese mit Alufolie verschließen. Den Eierstich im heißen Wasserbad in etwa 20 Minuten stocken lassen. Sie können den Eierstich mit gehacktem Spinat, Tomatenmus oder -mark sowie Safran färben und nach dem Stocken mit kleinen Förmchen ausstechen oder mit einem Buntmesser zurechtschneiden.

FÜR DEN KLEINEN HUNGER

Gemüsebrühe

Für ca. 4 Liter Brühe

00:00 Min.	3 Zwiebeln, 3–4 Möhren, ½ Sellerieknolle, 1 Stange Lauch, 1 Fenchelknolle, 2 Petersilienwurzeln	waschen oder schälen.
	2 Knoblauchzehen	schälen und fein hacken.
	1 kleinen Zweig Liebstöckel	grob hacken.
15:00 Min.	4 EL Öl	in einem großen Topf erhitzen. Die Zwiebeln darin goldbraun anbraten.
20:00 Min.	2 Lorbeerblätter, 1 TL Rosmarinnadeln, 2 TL Pfefferkörner, 3 TL Salz	Die übrigen Gemüse, dazugeben und ebenfalls kurz anrösten. Mit würzen.
25:00 Min.	½ l trockenen Weißwein	angießen und kurz einkochen lassen.
28:00 Min.	5 l kaltes Wasser	dazugeben und aufkochen lassen. Die Herdplatte auf mittlere Stufe zurückschalten und die Brühe offen köcheln lassen. Hin und wieder abschäumen.
45:00 Min.		Die Brühe durch ein feines Sieb oder ein Passiertuch in einen zweiten Topf abseien, dann erneut aufkochen lassen. Die Brühe portionsweise in Tiefkühlbehälter füllen, zum Auskühlen auf ein Kuchengitter stellen. Die Behälter verschließen, mit Inhalt, Datum und Menge etikettieren und einfrieren.

Suppeneinlagen
Backerbsen

Für 4 Portionen
60 g Mehl, 2 Eier, 1–2 EL Milch zu einem glatten Teig verrühren, mit Salz und Muskatnuss würzen. Reichlich Fett in einer Pfanne (oder einer Fritteuse) erhitzen. Den Teig in ein grolöchriges Sieb geben und portionsweise in das heiße Backfett tropfen lassen. Die Backerbsen darin rundum goldbraun backen. Nicht zu viele Backerbsen auf einmal backen, weil das Fett sonst zu stark abkühlt und die Backerbsen zu viel Fett aufsaugen. Fertige Backerbsen auf Küchenpapier abtropfen lassen.

⊕ 20:00 Min.

Käsebiskuit

Für 4 Portionen
Den Backofen auf 175 °C vorheizen. 8 Eier trennen. Die Eigelbe schaumig schlagen, 8 EL geriebenen Käse und 4 EL zerlassene Butter unterrühren. Die Eiweiße steif schlagen und unter die Eigelbmasse heben. Eine Kasten- oder eine eckige Auflaufform mit Butter ausstreichen. Den Teig hineinfüllen und im Backofen (Mitte) in etwa 15 Minuten hellgelb backen. Den Biskuit herausnehmen, stürzen und abkühlen lassen, dann in Rauten schneiden und in der Brühe kurz erwärmen.

⊕ 25:00 Min.

Käseknöpfle

Für 4 Portionen
40 g Butter schaumig rühren. 1 Ei, 50 g geriebenen Emmentaler und 30 g Semmelbrösel untermengen, mit Salz würzen. Die Masse durch ein grobmaschiges Sieb direkt in die siedende Brühe streichen. Die Knöpfle nur kurz garen.

⊕ 15:00 Min.

Kleine Semmelknödel

Für 4 Portionen
3 Brötchen in feine Würfel schneiden, mit Salz, Pfeffer und Muskatnuss würzen, mit 100 ml lauwarmer Milch begießen. 40 g Butter zerlassen. $1/2$ Zwiebel schälen und fein würfeln. $1/2$ Bund Petersilie waschen, trocknen und fein zerkleinern. Zwiebel und Petersilie in der Butter dünsten. Mit 1 Ei unter die Brötchen mischen, die Masse etwa 15 Minuten ruhen lassen. Aus der Masse mit feuchten Händen kleine Knödel formen und diese in siedendem Salzwasser ziehen lassen.

⊕ 45:00 Min.

FÜR DEN KLEINEN HUNGER

Cremesuppen – zart und schmelzend

Zucchinicremesuppe

Für 2 Portionen

00:00 Min.	¹/₂ l Brühe	bei höchster Stufe zum Kochen bringen. Zweite Herdplatte auf mittlere Stufe schalten und einen Topf darauf setzen.
	40 g Butter	hineingeben.
04:00 Min.		Herdplatte mit Brühe auf mittlere Stufe zurückschalten.
05:00 Min.	1 Zwiebel etwas Thymian und Oregano	schälen, in feine Würfel schneiden und diese zusammen mit in der Butter glasig werden lassen.
08:00 Min.	2 kleine, feste Zucchini etwas Weißwein Salz und Pfeffer	waschen, die Enden abschneiden, auf der Gemüsereibe zu der Zwiebel raspeln, mit ablöschen, mit würzen und zugedeckt etwa 5 Minuten garen.
12:00 Min.	1 EL Mehl darüber stäuben,	die Brühe angießen.
15:00 Min.	50 g Sahne	dazugeben. Die Suppe mit einem Pürierstab durchmixen und kurz aufkochen lassen.

Varianten

Zuppa alla Pavese

⊕15:00 Min. Für 2 Portionen
¹/₂ l Cremesuppe (oder Brühe) zum Kochen bringen. Parallel dazu Pfanne erhitzen. Wenn die Suppe kocht, den Herd auf mittlere Stufe herunterschalten. 2 EL gefrorene Petersilie hineingeben. 3 Scheiben Toastbrot (oder 2 alte Brötchen) in Würfel schneiden und mit 2 EL Olivenöl in der Pfanne goldbraun rösten. Brühe mit Salz, wenig Pfeffer und Thymian abschmecken. Auf vorgewärmten Suppentellern Brotwürfel kreisförmig verteilen. Pro Portion 1 kleines, sehr frisches Ei aufschlagen und in den Ring aus Brotwürfeln geben – der Dotter darf dabei nicht zerlaufen –, salzen und pfeffern. Die kochende Suppe seitlich (!) in die Teller eingießen. Jede Portion mit 1 EL geriebenem Parmesan bestreuen. Die Suppe sofort servieren.

Französische Erbsensuppe

Für 2 Portionen

2 EL gefrorenen Dill in eine Schüssel geben, damit er antaut, oder frischen Dill verwenden. ½ l Brühe zum Kochen bringen. Inzwischen 1 Zwiebel schälen und würfeln. 50 g Speck oder rohen Schinken ebenfalls würfeln. 1 EL Olivenöl in einem zweiten Topf erhitzen, Zwiebel- und Speckwürfel darin scharf anbraten, dann in einer Schüssel beiseite stellen. 150 g TK-Erbsen und 1 TL Dijon-Senf in die Pfanne geben. Die heiße Fleischbrühe angießen und alles nochmals aufkochen lassen, dabei mehrmals umrühren. 2 EL Crème fraîche unterrühren. Die Suppe mit dem Pürierstab durchmixen, mit Salz und Pfeffer würzen, die Speck-Zwiebel-Mischung unterrühren und die Suppe einmal kurz aufwallen lassen. Die Suppe in vorgewärmte Teller schöpfen.

Tomatensuppe Rot-Weiß

Für 2 Portionen

½ l Brühe zum Kochen bringen. Inzwischen 1 Zwiebel schälen und würfeln. 1 Knoblauchzehe sehr fein hacken. 40 g Butter in einem zweiten Topf erhitzen, Zwiebel und Knoblauch darin glasig dünsten. Je 1 TL getrockneten Thymian und Oregano sowie 1 zerbröseltes Lorbeerblatt dazugeben, mit 2 EL Tomatenmark binden. 1 Dose (400 g) geschälte Tomaten dazugeben und die kochende Brühe angießen. Die Suppe mit einem Pürierstab durchmixen, mit Salz, Pfeffer und etwas Zucker abschmecken und erneut aufwallen lassen. In vorgewärmte Suppentassen je 1 EL saure Sahne geben, die Tomatensuppe darüber schöpfen.

Champignon-Schaumsüppchen

Für 2–3 Portionen

½ l Brühe zum Kochen bringen. In einem zweiten Topf 40 g Butter erhitzen. 4 EL tiefgefrorenen Schnittlauch bereitstellen. 1 Zwiebel fein würfeln und in der Butter glasig werden lassen. 250 g TK-Champignons in Scheiben dazugeben und kurz mitdünsten, bis die Pilze trocken sind, mit Salz, Pfeffer und etwas Thymian abschmecken. 1 EL Mehl darüber stäuben und kurz mitschwitzen lassen, dann unter Rühren die Fleischbrühe angießen. Die Suppe mit einem Pürierstab durchmixen und mit Salz, Pfeffer, Worcestersauce und Weißwein abschmecken. 50 g Sahne steif schlagen und vorsichtig unter die Suppe heben. ½ Bund Schnittlauch waschen, trocknen und in feine Röllchen schneiden. Die Suppe in vorgewärmte Teller geben und mit den Schnittlauchröllchen bestreut servieren.

Fruchtige Curryrahmsuppe

⊕ 00:00 Min.

Für 2 Portionen
$1/2$ l Brühe zum Kochen bringen, einen zweiten Topf bei mittlerer Stufe erhitzen. 1 Zwiebel fein würfeln. 40 g Butter in den heißen Topf geben und die Zwiebel darin glasig werden lassen. Die Zwiebelwürfel mit 1–2 TL Currypulver, 1 TL dunkler Sojasauce und 1 Msp. Sambal Oelek verrühren. Den Saft von 1 kleinen Dosen (125 ml) Fruchtcocktail dazugeben und alles einkochen lassen. Die Brühe mit 2–3 EL weißem Saucenbinder binden. Die Früchte unter die Zwiebelwürfel rühren, mit der gebundenen Brühe aufgießen und die Suppe unter Rühren bei reduzierter Hitze köcheln lassen, dann mit dem Pürierstab durchmixen und mit 50 g Sahne, Salz und Pfeffer abschmecken. Die Suppe in vorgewärmten Suppenschalen servieren.

Türkische Krabbensuppe

⊕ 05:00 Min.

Für 2–3 Portionen
$1/2$ l Wasser zum Kochen bringen. Einen zweiten Topf auf mittlerer Stufe erhitzen, 40 g Butter hineingeben. 200 g Garnelen abbrausen und abtropfen lassen. 1 EL Mehl zur Butter geben und anschwitzen. Die Garnelen hinzufügen, mit Salz, $1/2$ Msp. Zimt und 2 Döschen Safran würzen. Das kochende Wasser angießen und alles unter Rühren bei schwacher Hitze köcheln lassen. Inzwischen 100 g Joghurt mit 2 Eigelb, 2 EL Zitronensaft und 2 EL tiefgekühltem Dill verrühren. Die Herdplatte abschalten, die Suppe aber noch etwa 6 Minuten darauf stehen lassen, dann vom Herd nehmen. Die Joghurt-Eier-Mischung kurz aufschlagen und unter die heiße Suppe rühren. Die Suppe in vorgewärmten Tellern servieren.

Spanische Express-Gemüsesuppe

⊕ 05:00 Min.

Für 2 Portionen
$1/2$ l Brühe zum Kochen bringen. Einen zweiten Topf auf mittlerer Stufe erhitzen. 1 Zwiebel und 1 Knoblauchzehe schälen und sehr fein hacken. 2 EL Olivenöl in den Topf geben, Zwiebel und Knoblauch darin glasig dünsten. 2 Bund Suppengrün putzen, waschen, fein schneiden und zur Zwiebel-Knoblauch-Mischung geben. Mit Salz, etwas Tabasco und 1 Msp. Safran würzen und nach Geschmack mit etwas Zitronensaft abschmecken. Die kochende Brühe angießen. Die Suppe kräftig durchkochen lassen, dann mit dem Pürierstab durchmixen, bis sie eine cremige Konsistenz hat. Die Suppe in vorgewärmten Tellern servieren.

Express-Kartoffelsuppe

Für 2 Portionen

$1/2$ l Brühe zum Kochen bringen. Einen zweiten Suppentopf auf mittlerer Stufe erhitzen. 1 Bund Suppengrün waschen und fein hacken. 50 g rohen Schinken in feine Würfel schneiden. 50 g Butter in dem erhitzten Topf zerlassen, Suppengrün und Schinken darin andünsten, mit Salz, Pfeffer, etwas getrocknetem Thymian und $1/2$ TL getrocknetem Majoran würzen. Die kochende Fleischbrühe angießen und die Suppe noch etwas weiter köcheln lassen. Die Brühe mit 2–3 EL Kartoffelpüreepulver (Fertigprodukt) binden und erneut vorsichtig aufkochen lassen. Mit etwas Sahne verfeinern und in vorgewärmten Tellern oder Suppenschalen anrichten.

⊕ 00:00 Min.

Ägyptische Linsensuppe

Für 2–3 Portionen

$1/2$ l Wasser zum Kochen bringen. 3 EL Öl in einem weiteren Topf erhitzen. 1 Zwiebel und 1 Knoblauchzehe schälen, fein würfeln und in dem Öl glasig dünsten. 1 Möhre schälen und auf der Gemüsereibe direkt in den Topf reiben. 3 EL Pizzatomaten (Dose oder Packung) dazugeben. Mit $1/2$ TL gemahlenen Kreuzkümmel würzen, kurz verrühren und das kochende Wasser angießen. 150 g rote Linsen dazugeben. Die Suppe nach dem Aufkochen mehrmals mit einem Schaumlöffel oder einem Teesieb abschäumen. Die Herdplatte auf mittlere Stufe zurückschalten und die Suppe etwa 15 Minuten leise kochen lassen. Die Suppe dann mit einem Pürierstab durchmixen, mit Salz und Pfeffer würzen und auf vorgewärmten Suppentellern servieren.

⊕ 10:00 Min.

Kräutersuppe

Für 2 Portionen

$1/2$ l Brühe zum Kochen bringen. Einen zweiten Topf auf mittlerer Stufe erwärmen. 2 Hand voll frische gemischte Kräuter fein hacken (oder 1 Päckchen TK-Kräuter nehmen). 30 g Butter in dem erwärmten Topf schmelzen lassen. Die Kräuter darin andünsten. Die Brühe angießen und die Suppe kurz kochen lassen. 2 Eigelb mit 50 g Sahne verrühren und die heiße, nicht mehr kochende Suppe damit binden. Die Suppe noch so lange erhitzen, bis sie sämig ist. In einer Pfanne etwas Butter zerlassen. 2 Scheiben Toastbrot würfeln und darin rundum knusprig braten. Die Würfelchen in vorgewärmte Teller verteilen und die Suppe darüber schöpfen.

⊕ 00:00 Min.

FÜR DEN KLEINEN HUNGER

Der Suppen-Kick

Mit Suppen kann man zaubern. Ein wenig von diesem oder jenem dazugegeben oder darüber gestreut – schon wird aus Aschenputtel eine Prinzessin.

	Was?	Wie?	Wofür?
03:00 Min.	Weißbrot-Croûtons I	2 Scheiben Toast im Toaster bräunen, mit dem Messer würfeln.	Tomaten-, Erbsen-, Kartoffelsuppe
05:00 Min.	Weißbrot-Croûtons II	Pfanne auf den Herd stellen, 40 g Butter darin zerlassen. 2 Brötchen vom Vortag würfeln, im Fett goldbraun rösten und wenig salzen.	Tomaten-, Erbsen-, Kartoffelsuppe
05:00 Min.	Schwarzbrot-Croûtons	Pfanne auf den Herd stellen, 40 g Butter darin zerlassen. 2 Scheiben Schwarz- oder Graubrot würfeln und im Fett 2–3 Minuten rösten.	Linsensuppe, Eintöpfe
06:00 Min.	Käse-Croûtons	Pfanne auf den Herd stellen, 40 g Butter darin schmelzen. 2 Scheiben Toastbrot würfeln und in die Pfanne geben. 2 EL Reibkäse darüber streuen, die Croûtons schwenken und anschließend mit zwei Essgabeln zerpflücken. Erneut schwenken.	Zwiebelsuppe, Zucchinisuppe
06:00 Min.	Basilikum-Croûtons	Pfanne auf den Herd stellen. 2 Scheiben Toastbrot toasten, würfeln und in die Pfanne geben. 1 TL Pesto mit 2 EL Olivenöl mischen, zu den Brotwürfeln geben, durchschwenken, wenig salzen und erneut schwenken.	Zucchinisuppe, Kartoffelsuppe
06:00 Min.	Dill-Sahne	1/2 Bund frischen Dill waschen, hacken und mit 50 g Crème fraîche, 50 g Sahne und etwas Salz vermischen.	Tomatensuppe, Champignonsuppe
05:00 Min. / 01:00 Min.	Curry-Sahne	100 g Sahne steif schlagen, mit 2 Msp. Currypulver und einem Spritzer Sherry vermischen. Sahne (ohne Zucker) aus aufgefülltem Sahnesyphon in Schüssel spritzen, mit Curry und Sherry mischen.	Asiatische Suppen
08:00 Min.	Speckdipp	Pfanne mit 1 EL Öl auf dem Herd vorheizen, inzwischen 100 g geräucherten Speck fein würfeln, im heißen Fett knusprig braten. 1 Zwiebel würfeln, zugeben und so lange braten, bis die Zwiebelwürfel hellbraun sind.	Kartoffelsuppe
05:00 Min.	Cornflakes	Benötigte Menge Cornflakes in ein Küchentuch geben und zerdrücken.	Curryrahmsuppe
01:30 Min. / 00:10 Min.	Sahne-häubchen	50 g Sahne in einen Schüttelbecher geben, kräftig schütteln oder Sahne portionsweise aus dem Sahnesyphon entnehmen.	Tomatensuppe, Zucchinisuppe, Champignonsuppe

Zeitraffer

- Ein Topf reicht Küchenprofis nicht. Versierte Köche sehen Rezepte darauf hin durch, ob sie in verschiedene Arbeitsgänge aufgeteilt werden können, um dann durch paralleles Arbeiten Zeit zu sparen: Bei großen Mengen Nudelsuppe, die Nudeln nicht in der Suppe sondern getrennt in einem zweiten Topf kochen. Das lässt sich leichter kontrollieren und geht schneller. Das Fleisch für Gulaschsuppen in einer großen Pfanne vorbraten. Mit Hackfleisch geht's fast doppelt so schnell. Hackfleisch ist fetter als schieres Fleisch, deshalb Bratfett reduzieren.

- Sahne aus dem Sahnesyphon schäumt jede Suppe im Handumdrehen auf. Den Syphon gibt es im Haushaltwarengeschäft oder im Warenhaus. Der mit Sahne gefüllte Syphon wird im Kühlschrank gelagert. Syphonsahne ist etwas fester als Schlagsahne. Spraydosen mit Fertigschlagsahne können wegen der Zusätze frische Syphonsahne nicht ersetzen.

- Zu dicke Suppen mit Brühe verdünnen (kalte Suppen mit Tomatensaft oder ähnlichen Zutaten, die auch in der Suppe enthalten sind). Vorsicht: Wasser »verwässert« den Geschmack.

- Kalte Suppen können länger im Voraus zubereitet werden und bleiben im Kühlschrank 24 Stunden frisch. Als Vorspeise verschafft eine kalte Suppe deshalb einen Zeitpuffer für die Zubereitung der übrigen Gänge.

- In der Profiküche beliebt: Knoblauch im Glas. Er ist lange haltbar und spart Zeit. Schon geringe Mengen davon verfeinern den Geschmack einer Suppe.

- Gehackte Sardellen oder Sardellenpaste schmecken vor allem in Gemüse-Cremesuppen gut.

- Statt Butter kann man oft Kräuter- oder Knoblauchbutter nehmen. Das gibt Geschmack und spart Zeit, weil Kräuter und Knoblauch nicht vorbereitet werden müssen.

- Chilisaucen ersetzen frische Chilischoten. Auch Zeit sparend: getrocknete Chilischoten nehmen und vor Gebrauch zerbröseln.

- Flüssiger Süßstoff süßt schneller als Zucker.

FÜR DEN KLEINEN HUNGER

Suppenmahlzeit

Hackfleischsuppe

Für 2 Portionen

00:00 Min.	½ l Fleischbrühe	zum Kochen bringen.
	2 EL Öl	in einer Pfanne erhitzen.
	2 Zwiebeln	schälen und fein würfeln, im Öl glasig braten.
03:00 Min.	½ TL rosenscharfes Paprikapulver 1 TL ungarischem Gulaschgewürz	mit zu den Zwiebeln geben. Mit
	1 EL Essig	ablöschen.
	100 g Rinderhackfleisch	zugeben, mit
	Salz und Pfeffer	würzen, verrühren und die Pfanne abdecken.
04:30 Min.	2 EL Bratensaft (Fertigprodukt)	Die kochende Brühe mit aus Tube oder Päckchen binden und bei mittlerer Hitze köcheln lassen.
05:00 Min.	1 kleine Paprikaschote	putzen, waschen, würfeln und zusammen mit dem Hackfleisch zugedeckt dünsten.
07:00 Min.	3–4 kleine gegarte Kartoffeln	würfeln.
08:30 Min.		Den heißen Bratensaft zum Hackfleisch geben und alles bei mittlerer Hitze offen weiter köcheln lassen.
11:00 Min.		Die Kartoffelwürfel dazugeben, die Suppe aufkochen lassen.
15:00 Min.	Salz, Pfeffer und Worcestersauce	Die Suppe mit abschmecken und servieren.

TIPP
Diese Suppe ist eine besonders schnelle Party- oder Mitternachtssuppe.

Varianten

Schinkensuppe

Für 4 Portionen

1 Bund Petersilie waschen, trockenschütteln und die Blättchen fein hacken. 30 g Butter in einem Topf erhitzen. Inzwischen 1 Zwiebel abziehen und fein würfeln. Zwiebel und Petersilie in der Butter anschwitzen. 150 g Schinken würfeln und dazugeben. Mit 2 EL Mehl bestäuben, mit $3/4$ l heißer Fleischbrühe aufgießen. Die Suppe zum Kochen bringen. 2 Scheiben Toastbrot würfeln und in 2 EL Butter knusprig braten. Die Suppe von der Kochstelle nehmen. 2 Eigelb mit 2 EL Sahne und 2 EL trockenem Sherry verrühren und die Suppe damit legieren.

⊕ 00:00 Min.

Königinsuppe

Für 3–4 Portionen

Von $1/2$ Grillhähnchen das Fleisch ablösen, die Haut entfernen. Das Fleisch in kleine Würfel schneiden. 60 g Butter in einem Topf erhitzen, 3 EL Mehl einrühren und anschwitzen lassen. $3/4$ l heiße Brühe angießen und zum Kochen bringen. 1 Eigelb mit 3 EL Weißwein und 60 g Sahne verrühren und die Suppe damit binden, nicht mehr kochen lassen. Das Hühnerfleisch in der Suppe erhitzen. Mit gehackter Petersilie bestreut servieren. Sie können die Suppe mit gedünsteten Champignons (frisch oder tiefgekühlt) verfeinern.

⊕ 10:00 Min.

Schnelle Wildsuppe

Für 2 Portionen

Reste von Rehbraten (oder anderem Wildbraten) in Würfel schneiden. Fett, Haut und Sehnen entfernen. 2 EL Butter in einem Topf erhitzen, 1 Schalotte schälen und fein würfeln, in der Butter glasig braten. 1 Möhre zerkleinern und hinzufügen. 1 EL Tomatenmark unterrühren und 1 EL Mehl darüber stäuben und anschwitzen lassen. 400 ml Wildfond aus dem Glas und 4 cl trockenen Sherry angießen und 1 Tütchen Pilzpulver unterrühren. Das Fleisch untermischen und erhitzen. Die Suppe mit Salz und Pfeffer würzen. Nach Belieben Mini-Semmelknödelchen (siehe Seite 43) darin erhitzen und die Suppe sofort servieren.

⊕ 10:00 Min. (ohne Zubereitung der Knödel)

FÜR DEN KLEINEN HUNGER

Suppen – kalt und erfrischend

Trauben-Mandel-Suppe

Für 4 Portionen

00:00 Min.	150 ml Wasser	zum Kochen bringen.
01:00 Min.	3 Scheiben altbackenes Weißbrot	in Würfel schneiden, mit lauwarmem Wasser bedecken und 10 Minuten einweichen.
05:00 Min.	100 g Mandeln	mit dem kochenden Wasser übergießen und kurz ziehen lassen.
05:30 Min.	3 Knoblauchzehen	schälen. Die Mandeln kalt abschrecken und aus den Häuten schnippen. Mit dem ausgedrückten Brot, den Knoblauchzehen sowie
	3 EL Olivenöl und 1 EL Weißweinessig	im Mixer fein pürieren.
10:30 Min.	$^3/_4$ l Brühe oder Wasser	mit der Mandelmasse verrühren, mit Salz und Pfeffer würzen. Die Suppe im Kühlschrank mindestens 1 Stunde kühlen.
15:00 Min.	200 g kernlose Trauben einigen Minzeblättchen	waschen, halbieren und in die Suppe geben. Die Suppe mit garnieren und servieren.

TIPPS

Ein besonders feines Aroma bekommt die Suppe, wenn Sie die Mandeln nach dem Häuten in einer Pfanne ohne Fett hellgelb rösten.

Zeit sparen Sie mit gemahlenen, geschälten Mandeln, die Sie ebenfalls in einer Pfanne rösten können.

Die Teller vor dem Servieren 30 Minuten ins Tiefkühlgerät oder 1–2 Stunden in den Kühlschrank stellen.

Varianten

Gazpacho

Für 4 Portionen

Vier Suppenteller 30 Minuten im Gefrierschrank vorkühlen. $1/2$ Salatgurke schälen und in kleine Stücke schneiden. 2 Knoblauchzehen schälen und fein hacken, 1 kleine Zwiebel schälen und in grobe Würfel schneiden. 1 kleine rote Paprikaschote putzen, waschen, entkernen und in Stücke schneiden. Etwas Saft von 1 Dose (800 ml) geschälte Tomaten mit Gurkenstücken, Knoblauch, Zwiebel und Paprikaschote im Mixer pürieren. Die geschälten Tomaten samt dem übrigen Saft nach und nach in den Mixer geben. Die Suppe mit Salz, $1/2$ TL Zucker, Tabasco, 2 El Olivenöl sowie 4 cl trockenem Sherry würzen und nochmals kurz durchmixen. Die Suppe in die gekühlten Teller schöpfen. Ist die Suppe zu dick, mit etwas Tomatensaft strecken.

⊕ 00:00 Min.

Bulgarische Joghurtsuppe

Für 4 Portionen

Vier Suppenteller im Tiefkühlfach vorkühlen. 3 Scheiben Toastbrot ohne Rinde mit 5–6 EL kaltem Wasser beträufeln. 2 Knoblauchzehen schälen, fein hacken und mit $1/2$ TL Salz zerreiben und mit dem Brot in einen Mixer geben. 3 EL Olivenöl und 200 g Naturjoghurt dazugeben und alles kurz pürieren. 1 kleine Salatgurke schälen, halbieren, die Kerne entfernen und die Hälften grob würfeln. 1 Bund frischen Dill waschen, die Hälfte mit dem Gurkenfleisch zu der Brötchenmasse geben und alles nochmals fein pürieren. Den restlichen Dill hacken. Die Suppe mit Salz und Pfeffer abschmecken, in den gut gekühlten Tellern anrichten und mit der zweiten Hälfte des Dills bestreuen.

⊕ 00:00 Min.

TIPPS

Damit die Suppen schön kalt sind, die Zutaten zuvor im Kühlschrank gut durchkühlen lassen oder die Suppen am Vorabend zubereiten und über Nacht in den Kühlschrank stellen.

Bei Zeitmangel die Teller vorkühlen, währenddessen die Suppe zubereiten.

Da haben wir den Salat

FÜR DEN KLEINEN HUNGER

Die Salatsauce macht erst den Salat. Sie verwandelt unscheinbare Rohkost in Köstlichkeiten, schützt empfindliches Gemüse und Obst vor dem Verfärben und hält die Zutaten schön feucht.

Essig und Öl: die Vinaigrette-Basis

Für 4 Portionen

00:00 Min.

2 EL Weinessig	mit
½ TL Salz	
gemahlenem weißem Pfeffer	und
1 TL Senf	in eine kleine, hohe Schüssel geben und darin mit einem kleinen Schneebesen zu einer Paste verrühren.

03:00 Min.

6 EL Öl	dazugeben und das Dressing so lange weiterrühren, bis es cremig geworden ist.

SALAT-TIPPS

- Sie können Ihre Lieblings-Vinaigrette ruhig auf Vorrat mischen, gut verschlossen hält sie sich im Kühlschrank etwa 4 Tage. Vor Gebrauch die Mischung nochmals kurz mit einem Schneebesen aufschlagen oder in dem Aufbewahrungsgefäß kräftig schütteln.
- Zwiebel, Knoblauch und frische Kräuter erst kurz vor der Zubereitung des Salats an die Vinaigrette geben, weil diese sich im Essig-Öl-Gemisch zersetzen und dann bitter schmecken.
- Blattsalate erst kurz vor dem Servieren anmachen, weil sie schnell zusammenfallen.
- Faustregel: 2 EL Essig auf 6 EL Öl ist die Grundlage für die meisten Essig-Öl-Salatsaucen.

Variante

Luxus-Vinaigrette

09:00 Min.

Für 4 Portionen
2 hart gekochte Eier schälen, halbieren, die Eigelbe herausnehmen. 3 Essiggurken und das Eiweiß fein hacken, in eine Schüssel geben. 1 Bund Petersilie waschen, trocknen, fein hacken, dazugeben. 1 Zwiebel und 1–2 Knoblauchzehen schälen, fein würfeln, dazugeben, mit Salz, Pfeffer und Zucker würzen. 50 cl Weißweinessig und 100 cl kaltes Wasser unterrühren. 2–3 EL Olivenöl und die Eigelbe unterrühren.

Welche Aromen passen zu welchem Salat?

- Zu bitteren Salatsorten wie Radicchio, Chicorée, Endivien oder Rucola passen Petersilie, Pimpinelle, Dill, Basilikum, Zitronenmelisse und Estragon.
- Mild-nussige Sorten wie Römischer Salat, Kopf- und Eichblattsalat harmonieren mit Dill, Minze oder gehackten Kapern.
- Fisch- oder Meeresfrüchtesalat schmeckt mit einer Vinaigrette, die mit gehackten Sardellen, fein geschnittenem Dill und Schnittlauch, sehr fein gehackten Zwiebeln, hart gekochten und fein gehackten Eiern oder frischem Basilikum verfeinert wird.
- Zu Fleischsalaten passen sehr fein gehackter Knoblauch und fein gehackte Zwiebeln, in dünne Ringe geschnittene Chilischoten (ohne Kerne), Petersilie und andere frische Kräuter nach Belieben.
- Mittelscharfer Senf passt immer und überall. Vorsicht mit scharfem Senf!
- Körniger französischer Rôtisseur-Senf oder Dijon-Creme, eine fertige Senfmischung aus Frankreich, sorgen für Geschmacksüberraschungen.
- Joghurt und/oder Crème fraîche und Mayonnaise machen eine Vinaigrette sämiger. Eine solch cremige Mischung passt eigentlich zu allen Salaten, vor allem aber zu Kartoffel-, Nudel-, Fleisch- oder Gemüsesalat.

Frische gehackte Kräuter peppen Salate auf.

Essig und Öl betonen den Geschmack von Salaten

- Himbeeressig mildert den bitteren Geschmack von Endivien-, Löwenzahn- oder Rucolasalat.
- Fisch- und Meeresfrüchtesalate gewinnen durch würzigen Estragonessig.
- Fleischsalate werden mit Weißweinessig besonders schmackhaft.
- Besonders fein im Geschmack: aromatischer Aceto balsamico. Den berühmten Balsamessig aus Italien gibt es in dunkel und hell.
- Ein Spritzer Zitronensaft frischt viele Salate auf.
- Walnuss-, Kürbiskern- und Olivenöl haben einen ausgeprägten Eigengeschmack, sie passen vor allem zu Blattsalaten.
- Sonnenblumen- und Distelöl sind eher neutral und passen zu Gemüse-, Kartoffel-, Reis- und Nudelsalaten.
- Sesamöl ist nur als interessante Beimischung zu anderem Öl zu empfehlen, weil es einen besonders starken Eigengeschmack hat.

Essig und Öl setzen interessante Akzente.

TIPP
Öl immer nur in kleinen Mengen und in dunklen Lichtschutzflaschen kaufen und möglichst dunkel und kühl (aber nicht im Kühlschrank) lagern, damit es nicht ranzig wird.

FÜR DEN KLEINEN HUNGER

Mayonnaise

Für 4 Portionen

00:00 Min.	4 kalte Eigelb	mit den Schneebesen des elektrischen Handrührgeräts schaumig schlagen.
02:00 Min.	Mit Salz und Pfeffer	würzen.
	1 EL Zitronensaft oder Weißweinessig	hinzufügen. Dann
03:00 Min.	$1/4$ l kaltes Olivenöl	zuerst tropfenweise, dann im Strahl unterrühren. So lange rühren, bis die Mayonnaise dicklich und cremig ist. Nach Belieben mit
05:00 Min.	Zitronensaft, Essig, etwas Senf Zucker oder flüssigem Süßstoff und etwas Worcestersauce	abschmecken.

SO GELINGT MAYONNAISE

- Nur ganz frische Eier verwenden.
- Zutaten und Geräte im Kühlschrank vorkühlen.
- Das Öl immer erst tropfenweise, dann in dünnem Strahl unterrühren.
- Falls die Mayonnaise gerinnt, 1 EL heißes Wasser, Sahne oder Kondensmilch unterrühren.
- Gut gekühlt und verschlossen hält sich Mayonnaise im Kühlschrank 3–4 Tage.

VINAIGRETTE

Varianten

Rahmmayonnaise

Für 4 Portionen ⊕ 02:00 Min.

4 Eigelb verquirlen, nach und nach ⅛ l Öl und 1 EL Zitronensaft unterrühren. Mit Salz, Pfeffer und Zucker würzen. Sobald die Mayonnaise dicklich ist, 125 g sehr steif geschlagene Sahne unterrühren.

Quarkmayonnaise

Für 6 Portionen ⊕ 01:00 Min.

1 Zitrone auspressen. Den Saft mit 4 Eigelb glatt rühren und mit 1 Prise Salz, je 1 EL Senf und Zucker würzen. Nach und nach ⅛ l Öl unterrühren, bis die Masse dicklich ist, dann 125 g Quark und 125 g saure Sahne unterrühren.

Russische Sauce

Für 4 Portionen ⊕ 00:30 Min.

Eine Rahmmayonnaise herstellen. Etwa 2 EL Meerrettich (Glas) und 1 Spritzer Worcestersauce unter die fertige Mayonnaise rühren.

Tomatenmayonnaise

Für 4 Portionen ⊕ 01:00 Min.

Nach Grundrezept eine Mayonnaise zubereiten, 3 EL passierte Tomaten und 1 EL Tomatenmark unterrühren.

Apfel-Ingwer-Mayonnaise

Für 4 Portionen ⊕ 05:00 Min.

1 cm frischen Ingwer schälen und fein reiben. 1 kleinen säuerlichen Apfel schälen und fein raspeln. 6 EL Mayonnaise (Grundrezept oder Fertigprodukt) mit 2 EL Joghurt, Apfel- und Ingwerraspeln verrühren, mit Salz, Pfeffer, Curry und etwas gemahlenem Safran abschmecken.

Wintervitamine: Chicorée-Orangen-Salat

Für 2 Portionen

00:00 Min.	1 Orange	halbieren und auspressen.
01:00 Min.	2 Chicoréestauden	halbieren, den Strunk keilförmig herausschneiden. Die Stauden gut waschen und in dünne Streifen schneiden. Diese zusammen mit dem Orangensaft in einer Schüssel mischen.
04:00 Min.	2 Orangen	schälen, dabei auch die weiße Innenhaut entfernen. Die Fruchtfilets aus den Häuten lösen und unter den Salat mischen, den Saft in eine andere Schüssel gießen.
10:00 Min.	3 EL Mayonnaise, 2 cl weißem Fruchtlikör, Salz etwas geriebenem Ingwer	Den Orangensaft mit und mischen.
15:00 Min.	50 g Walnusskerne 1 EL Erdnuss- oder Walnussöl	mit einem Messer grob hacken und zusammen mit unter das Dressing heben. Das Dressing über die Salatzutaten gießen und alles gründlich mischen.

TIPPS

- An Likören eignen sich Cointreau und Maraschino.
- Statt Orangenfilets schmecken auch Filets von rosa Grapefruit. Dann das Dressing noch mit einer Prise Zucker oder etwas Honig abschmecken.
- Chicorée nach dem Schneiden immer sofort mit Zitronen- oder Orangensaft vermengen, damit sich die Schnittstellen nicht braun färben.

BLATTSALATE

Varianten

Löwenzahnsalat mit Speck-Croutons

Für 6 Portionen

⊕ 05:00 Min.

Eine Herdplatte auf mittlere Stufe schalten. 1 EL Öl erhitzen. 150 g Frühstücksspeck in dünne Streifen schneiden und knusprig ausbraten. 3 EL Wasser, 2 EL Kräuteressig, Salz, Pfeffer und 1/2 TL Zucker verrühren. Die Herdplatte auf kleinste Stufe zurückschalten. 3 Scheiben Toastbrot oder 2 Brötchen vom Vortag würfeln. Die Speckgrieben aus der Pfanne nehmen und zur Seite stellen. Brotwürfel in der Pfanne goldbraun rösten. 1 Staude jungen Löwenzahn putzen, gut waschen und trockenschütteln. Die Herdplatte abschalten. Die Löwenzahnblätter in Stücke von etwa 3 cm Länge schneiden und in eine Schüssel geben. 1 Zwiebel schälen und fein würfeln. Einen Bund Schnittlauch verlesen, waschen und in feine Röllchen schneiden. Löwenzahn, Speckgrieben und Zwiebel mischen. Das Dressing unterziehen, den Salat portionieren, mit Schnittlauch und Croutons bestreuen.

> **TIPP**
> Größere bzw. ältere Löwenzahnnstauden in lauwarmem Wasser waschen, das entzieht die Bitterstoffe.

Kopfsalat mit Kürbiskerndressing

Für 4–6 Portionen

⊕ 03:00 Min.

1 festen Kopfsalat (alternativ: Lollo Rosso, Eichblatt oder Frisée) putzen und gründlich waschen. In ein Sieb geben, Suppenteller darunter und in den Kühlschrank stellen. 1 Zwiebel schälen und in feine Würfel schneiden. Eine Herdplatte auf mittlere Stufe schalten, eine beschichtete Pfanne darauf stellen und 4 Minuten erhitzen. Inzwischen für das Dressing 1/8 l kaltes Wasser, Salz, Pfeffer, 1 Msp. Zucker sowie 4–5 EL Kräuteressig verrühren. 5 EL Kürbiskerne mit einem Messer grob hacken und unter Schwenken in der Pfanne langsam rösten. Zwiebel unter das Dressing mischen, dieses eventuell nochmals nachschmecken und mit 4 EL Kürbiskernöl verfeinern. Den Salat aus dem Kühlschrank nehmen, zerkleinern und unter das Dressing heben. Mit den Kürbiskernen bestreut servieren.

> **TIPP**
> Zu Blattsalaten passen außerdem:
> - klein geschnittene Radieschen
> - Schafkäse- oder Edelpilzkäsewürfel
> - gehackte, geröstete Nüsse
> - hart gekochte, gewürfelte Eier

FÜR DEN KLEINEN HUNGER

Bunter Mischsalat mit Fenchel-Vinaigrette

Für 4 Portionen

00:00 Min.	1 Fenchelknolle	putzen, waschen, längs halbieren und den Strunk keilförmig herausschneiden. Die Fenchelhälften grob zerkleinern.
04:00 Min.	1/8 l Wasser und 4 EL Weißweinessig	mit den Fenchelstücken in einem Mixer kurz pürieren. Das Fenchelgrün fein hacken. Fenchelgrün und Fenchelmus in eine große Salatschüssel geben.
07:00 Min.	3–4 Schalotten	schälen, klein schneiden und zum Fenchelmus geben.
	2 Essiggurken	in kleine Würfel schneiden und dazugeben. Das Dressing mit
	Salz, Pfeffer, 1 TL Dijonsenf und Zucker	abschmecken und
	3 EL Olivenöl	darunter ziehen.
15:00 Min.	1/8 Eissalat	putzen und quer in etwa 1 cm dicke Streifen schneiden. Die Streifen in kaltem Wasser kurz waschen, dann abtropfen lassen.
17:00 Min.	1/2 Salatgurke	waschen, längs vierteln und in dünne Scheiben schneiden.
21:00 Min.	1 gelbe Paprikaschote	putzen, waschen und quer in dünne Streifen schneiden.
	2 Tomaten	waschen und achteln, dabei die Stielansätze entfernen.
25:00 Min.		Eissalat, Gurke, Paprikaschote und Tomatenachtel in die Salatschüssel mit dem Fenchelmus geben, alles gründlich mischen und anrichten.

Zeitraffer

Fertigen Mixsalat aus der Frischetheke nehmen, kurz kalt durchspülen, abtropfen lassen oder trockenschleudern und mit der Fenchel-Vinaigrette mischen. Zeitersparnis: 20 Minuten.

TIPP

Auf diese Art lassen sich verschiedene Gemüsesorten für ein Dressing pürieren. Ein Gemüsedressing schmeckt zu gemischten Blattsalaten ebenso gut wie zu Gemüse-, Kartoffel- oder Reissalaten.

GEMISCHTE SALATE

Varianten
Sellerie-Ananas-Salat mit Datteln

Für 4–6 Portionen

1 mittelgroße Staude Stangensellerie putzen, gut waschen und quer zur Wuchsrichtung in möglichst dünne Scheiben schneiden. Ein Drittel vom Sellerie mit 50 g Joghurt und 50 g Sahne im Mixer pürieren, mit Salz, Cayennepfeffer und Zitronensaft abschmecken. Die restlichen Selleriescheiben damit mischen, kalt stellen. 1 kleine Ananas schälen und in Stücke schneiden. 100 g frische Datteln längs halbieren, in dünne Streifen schneiden. 1 cm Ingwerwurzel schälen und fein reiben, mit Ananasstücken, Dattelstreifen und 3 EL Erdnussöl unter den Salat mischen.

⊕ 08:00 Min.

Radicchiosalat mit weißen Bohnen

Für 4 Portionen

1 Kopf Radicchio putzen und waschen. Die Blätter in Streifen schneiden und abtropfen lassen. 1 kleine Dose weiße Bohnen (400 g) abtropfen lassen. 2 EL Bohnenkerne mit 2 EL Weißweinessig, 2 EL Olivenöl, 4 EL Gemüsebrühe, Salz und Pfeffer pürieren. Die Radicchiostreifen mit der Bohnencreme und den Bohnenkernen mischen. 1 Bund Schnittlauch waschen, trocknen und in feine Röllchen schneiden. 100 g Schafskäse klein würfeln. 2 EL Walnusskerne fein hacken. Schafskäse und Walnusskerne vorsichtig unter den Salat mengen. Mit Schnittlauch bestreuen. Alternative: Den Schafskäse weglassen. 1 Birne schälen, entkernen und würfeln und mit den Walnusskernen unter den Salat mischen.

⊕ 10:00 Min.

Eichblattsalat mit Avocadodressing

Für 4 Portionen

1 Kopf Eichblattsalat putzen, waschen, abtropfen lassen und die Blätter in mundgerechte Stücke zupfen. 2 Orangen schälen, dabei auch die weiße Innenhaut entfernen. Die Filets aus den Häuten lösen, den Saft dabei auffangen. 1 Limette auspressen. 1 Avocado halbieren, schälen und den Kern entfernen. 1 Hälfte in Scheiben schneiden, mit etwas Limettensaft beträufeln. Die zweite Hälfte mit dem restlichen Limetten- und dem Orangensaft pürieren, mit Salz, Pfeffer und Honig abschmecken. 2 EL ungesalzene Pistazienkerne fein hacken. Den Salat mit dem Dressing, den Orangenfilets und den Avocadoscheiben mischen und mit den Pistazienkernen bestreuen.

⊕ 08:00 Min.

Salat mit schwarzen Nudeln und Meeresfrüchten

Salate zum Sattessen

FÜR DEN KLEINEN HUNGER

Nudelsalate, Kartoffelsalate oder Reissalate gehören bei vielen Parties einfach mit dazu. Die meisten Salate können am Tag vor dem Servieren vorbereitet und kalt gestellt werden, denn erst gut durchgezogen schmecken sie richtig gut.

Mengen pro Portion

Rohprodukt	Als Beilage	Als Hauptgericht
Nudeln, z. B. für Nudelsalat	70 g	130 g
Reis, z. B. für Reissalat	80 g	130 g
Kartoffeln, z. B. für Kartoffelsalat	250 g	400 g

Grundrezept: Nudeln für Salate kochen

Für 4 Portionen

00:00 Min.	2 l Wasser	Herdplatte auf höchste Stufe schalten und einen Topf mit darauf stellen.
01:30 Min.	2 TL Salz, 1 großes Lorbeerblatt, 2 EL Olivenöl 1 Zwiebel	schälen, alle Zutaten ins Wasser geben. Sobald das Wasser kocht,
11:45 Min.	250 g Nudeln	hineingeben, Herdplatte auf mittlere Stufe zurückschalten, mit einem Kochlöffel mehrmals umrühren.
19:30 Min.		Die fertigen Nudeln in ein Sieb schütten, kurz abtropfen lassen, dann wieder zurück in den Topf geben und das Sieb auf den Topf legen. Langsam fließendes kaltes Wasser dazulaufen lassen.
25:00 Min.		Die Nudeln erneut in das Sieb schütten, zum Abtropfen auf den leeren Topf stellen. Zwiebel und Lorbeerblatt entfernen.

Varianten

Salat mit schwarzen Nudeln und Meeresfrüchten

Für 10 Portionen

500 g schwarze Nudeln nach Grundrezept kochen. Je 200 g Garnelen, Muschelfleisch und Tintenfisch aus dem Glas abtropfen lassen. 2 kleine Zucchini waschen, putzen und grob raspeln. 2 rote Paprikaschoten waschen, putzen und fein würfeln. Für das Dressing 2 Knoblauchzehen schälen, fein hacken und in eine zweite Schüssel geben. 100 g schwarze entsteinte Oliven fein hacken. 4 Sardellenfilets abspülen, trockentupfen und fein zerkleinern. ½ Bund Petersilie waschen, trockenschütteln und die Blättchen klein schneiden. 4 EL Aceto balsamico mit 8 EL Olivenöl, Salz und Zucker verquirlen. Die vorbereiteten Zutaten unterrühren. Die gekochten Nudeln mit Meeresfrüchten, Zucchini sowie Paprika und Dressing mischen, vor dem Servieren mindestens 1 Stunde kalt stellen.

⊕ 03:00 Min.

Farfalle-Salat mit Spargel und Schinken

Für 6 Portionen

150 g TK-Erbsen auftauen lassen. 500 g Spargel schälen und die Enden abschneiden. Schalen und Enden mit 1 l Wasser erhitzen und 10 Minuten kochen lassen. Salzwasser zum Kochen bringen und 250 g Farfalle darin nach Packungsanweisung bissfest garen. Inzwischen 2 Möhren schälen und klein würfeln. 150 g Schinken vom Fett befreien und ebenfalls in Würfel schneiden. Die Nudeln abgießen, kalt abschrecken und abtropfen lassen. Die Spargelschalen abgießen, den Fond in einen Topf geben. Etwas Butter, 1 Zitronenscheibe, Salz und Zucker dazugeben und den Sud erneut erhitzen. Spargel in etwa 3 cm lange Stücke schneiden und mit den Möhrenwürfelchen etwa 5 Minuten in dem kochenden Sud bissfest garen. Das Gemüse abgießen, kalt abschrecken und mit den Nudeln, den Erbsen und dem Schinken in eine Schüssel geben. 2 frische Eigelb mit 1 EL Zitronensaft aufschlagen, dann nach und nach 150 ml kaltes Sonnenblumenöl unterschlagen. Die Mayonnaise mit 1 EL Zitronensaft, 4 EL Weißweinessig, Salz, Pfeffer und Zucker würzen, mit den Zutaten in der Schüssel mischen, 30 Minuten ziehen lassen.

⊕ 10:00 Min.

> **TIPP**
> Besonders schnell geht's mit Suppengemüse aus der Tiefkühltruhe und fertiger Salatcreme: 500 g Suppengemüse 5 Minuten blanchieren, abgießen und mit den gekochten Nudeln und der Salatcreme mischen.

Zeitraffer

Kartoffel-Matjes-Salat

4–6 Portionen

00:00 Min.	1 kg Kartoffeln etwas Salz und Kümmel 300 g TK-Bohnen	waschen, mit in 1 l Wasser kochen. Parallel nach Packungsanweisung bissfest garen. Beides abgießen und kalt abschrecken.
30:00 Min.	2 Matjesfilets 2 rote Zwiebeln	in feine Streifen schneiden. schälen, vierteln und quer in dünne Scheiben schneiden. Matjes, Bohnen und Zwiebeln in einer Schüssel mischen, mit
40:00 Min.	Salz, Pfeffer und 2 EL Essig	würzen. Die Kartoffeln schälen und in Scheiben schneiden. Mit den anderen Zutaten mischen. Zum Schluss
50:00 Min.	2–3 EL Öl	unterheben.

TIPPS

Wenn Sie den Salat 1 Tag durchziehen lassen, können sich die Aromen voll entfalten, dann die Zwiebeln aber erst kurz vor dem Servieren untermengen.

Bei Kartoffelsalaten das Öl immer erst zum Schluss unterheben, weil die Kartoffeln dann nicht mehr so viel Öl aufnehmen.

Varianten

Kartoffel-Löwenzahn-Salat mit Speck

⊕15:00 Min.

Für 4–6 Portionen
1 kg Kartoffeln kochen, schälen und in Scheiben schneiden. 150 g geräucherten, durchwachsenen Speck oder Schinken in kleine Würfel schneiden und mit 1 EL Erdnussöl oder Bratfett in eine stark erhitzte Pfanne geben. Die Hitze jetzt drosseln und die Würfel unter ständigem Rühren kross braten. 1 Zwiebel fein würfeln, in die Pfanne geben und glasig werden lassen. 1 Bund Löwenzahn verlesen, waschen und in feine Streifen schneiden. Mit Speck und Zwiebeln in einer nicht zu kleinen Schüssel mit den Kartoffelscheiben vermischen und mit Salz, Pfeffer, Essig und bis zu 2 EL Öl abschmecken.
Zeitaufwand – wenn die Kartoffeln fertig gekocht sind: 15 Minuten.
Vegetarier lassen die Speckwürfel weg, nehmen statt Erdnussöl 3 EL Olivenöl und reiben die Schüssel mit Knoblauch großzügig aus.

Gemüse-Kartoffel-Salat

Für 6–8 Portionen

⊕ 12:00 Min.

1 kg fest kochende Kartoffeln waschen und in wenig Wasser zugedeckt in etwa 30 Minuten weich kochen. 3 Eier in 10 Minuten hart kochen. Kartoffeln und Eier abgießen, kalt abschrecken, abkühlen lassen und schälen. Während Kartoffeln und Eier kochen 4 Möhren schälen und in kleine Würfel schneiden. 1 kleinen Zucchino waschen, putzen und würfeln. 1 rote Paprikaschote waschen, putzen und ebenfalls fein würfeln. 1 Bund Frühlingszwiebeln waschen, putzen und in Ringe schneiden. 2 EL Olivenöl erhitzen, Frühlingszwiebeln und Möhrenwürfelchen darin andünsten, dann beiseite stellen. Die Kartoffeln in Würfel schneiden. Alle Zutaten in einer Schüssel mischen. 200 ml kräftige Fleischbrühe erhitzen, mit 2–3 EL Weißweinessig und 1 TL Senf verrühren und über die Salatzutaten gießen. Alles gründlich vermengen und zugedeckt etwa 30 Minuten ziehen lassen. Den Salat mit Salz und Pfeffer abschmecken und 3 EL Sonnenblumenöl unterziehen. Mit Schnittlauchröllchen bestreuen.

DIE WEISS-GRÜNE SALAT-KOALITION

Der gelblich-weißen Kartoffel tut etwas Farbe gut, Mischen Sie nach Belieben klein geschnittene Blattsalate oder fein zerkleinertes Gemüse unter – das bringt neben Farbe auch noch Geschmack!

Nehmen Sie 1–2 Hand voll

- Endiviensalat,
- Feldsalat oder
- Chicorée (dieser muss aber zuvor in einem leichten Zitronensaft-Wasser-Gemisch mariniert werden, um braune Verfärbungen zu verhindern).

All diese Salate haben einen hohen Anteil an Bitterstoffen, deshalb anfangs vorsichtig bei der Mischung sein. Rucola-Salat und Radicchio eignen sich wegen ihres ausgeprägt bitteren Geschmacks nur in kleinen Mengen.

- Oder mischen Sie blättrig geschnittene Radieschen und Schnittlauchröllchen unter den Salat.

FÜR DEN KLEINEN HUNGER

Avocado-Shrimps-Salat

Für 2 Portionen

00:00 Min.		2 flache, nicht zu kleine Teller in den Gefrierschrank stellen.
00:30 Min.	200 g Shrimps	aus der Lake (keine Tiefkühlware) abtropfen lassen.
	150 g Joghurt	in einer nicht zu kleinen Schüssel mit
	2 EL Crème fraîche	und
	1 EL Tomatenketchup	verrühren. Mit
	Salz, 1 Msp. gemahlener Ingwerwurzel,	
	1 Msp. Currypulver	und
	1 EL Limettensaft	würzen.
05:00 Min.	2 kleine Avocados	längs von oben nach unten vierteln, den Stein entfernen und das Fruchtfleisch bogenförmig (ähnlich wie bei einer Melone) knapp an der Schale entlang herauslöffeln und in kleine Würfel schneiden (1 EL davon zum späteren Garnieren zurückbehalten) und mit den Shrimps vermischen.
10:00 Min.	1 Bund Frühlingszwiebeln	waschen, putzen und quer in sehr feine Röllchen schneiden. 1 EL zum Garnieren zurückbehalten, den Rest unter den Salat mischen.
15:00 Min.		Die Teller aus dem Gefrierschrank nehmen und den Salat darauf anrichten. Mit den zurückbehaltenen Avocadowürfeln und Frühlingszwiebeln garnieren.

PROFITIPPS

Das Dressing lässt sich vorbereiten und im Kühlschrank bis zu 2 Stunden frisch halten.

Fertig geputzte Salate gibt es im Supermarkt, sie sollten stets im Kühlregal lagern (Haltbarkeitsdatum überprüfen!).

SALATE ZUM SATT ESSEN

Varianten

7-Minuten-Gemüsesalat

Für 2 Portionen

⊖ 08:00 Min.

Den Inhalt einer mittleren Dose Leipziger Allerlei (415 ml Inhalt) abtropfen lassen, den Fond dabei auffangen. 4 EL Mayonnaise in eine Schüssel geben und diese unter Rühren so lange mit Gemüsefond verrühren, bis eine glatte, leicht flüssige Mischung entsteht. Mit Salz, Pfeffer und etwas Worcestersauce würzen und das Gemüse unterrühren. 1 Bund Schnittlauch in feine Röllchen schneiden, den Salat damit bestreuen.
Statt Mayonnaise schmeckt auch Remoulade, dann den Schnittlauch weglassen.

Honig-Senf-Gurke

Für 4 Portionen

⊖ 15:00 Min.

1 Salatgurke schälen, längs halbieren, mit einem Teelöffel die Kerne herausschaben und in den Mixer geben. Die Gurkenhälften quer in 3 mm dicke Scheiben schneiden, diese in eine Schüssel geben. 6 EL Wasser, 1 EL Honig, 3 EL Weißweinessig, Salz, Pfeffer und 1 Msp. gemahlenen Koriander sowie 2 EL Öl mit den Gurkenkernen im Mixer pürieren. Das Dressing mit den Gurken vermischen und den Salat abgedeckt im Kühlschrank etwa 1 Stunde ziehen lassen.

Italienischer Salat

Für 4 Portionen

⊕ 05:00 Min.

250 g Kalbsbraten in kleine Würfel schneiden. 4 gekochte Kartoffeln und 2 säuerliche Äpfel schälen und in Würfel schneiden. 1 rote Paprikaschote waschen, putzen und in Würfel schneiden. 6 Essiggurken vierteln und die Viertel in Scheiben teilen. $1/8$ l Sauerrahm mit 1 TL Senf, 1 TL Sardellenpaste und 1 EL Weißweinessig verrühren. Die vorbereiteten Zutaten in eine Schüssel geben und mit dem Dressing gründlich mischen. Den Salat abgedeckt 1 Stunde im Kühlschrank durchziehen lassen und vor dem Servieren mit Scheiben oder Würfeln von hart gekochten Eiern und mit Schnittlauchröllchen garnieren.

FÜR DEN KLEINEN HUNGER

Reissalat

Für 4 Portionen

00:00 Min.	1 Tasse Reis	in der eineinhalbfachen Menge Wasser mit 1 Prise Salz etwa 25 Minuten offen quellen lassen, dabei immer wieder umrühren. Inzwischen
01:00 Min.	2 Schalotten	schälen und sehr fein hacken.
	2 Fleischtomaten	waschen, vierteln und ohne Kerne und Stielansätze in Würfel schneiden.
	Je 1 rote und 1 gelbe Paprikaschote	waschen, putzen und in kleine Würfel schneiden.
20:00 Min.	4 EL Weißweinessig mit 6 EL Olivenöl, 1 TL mildem Senf, Salz, Pfeffer und Zucker	gründlich verquirlen.
30:00 Min.		Den Reis abkühlen lassen.
45:00 Min.		Alle Zutaten vermengen und den Salat abgedeckt mindestens 1 Stunde im Kühlschrank ziehen lassen

TIPP

Paprikaschoten werden leichter bekömmlich, wenn man sie häutet. Dafür die Schoten mit einem Sparschäler schälen oder bei 250 °C in den vorgeheizten Backofen legen und rösten, bis die Haut braun wird und Blasen wirft. Die Schoten herausnehmen, in kaltem Wasser abschrecken. Die Haut mit einem kleinen Messer abziehen.

Varianten

Reissalat mit Mais und Schinken

Für 4 Portionen

150 g Schinken in kleine Würfel schneiden. Je 1 kleine Dose Erbsen und Mais abtropfen lassen. 1 rote Paprikaschote waschen, putzen und in kleine Würfel schneiden. 2 Tassen körnig gekochten Reis mit den Zutaten in einer Schüssel mischen und mit Mayonnaise oder Quarkmayonnaise anmachen (Rezepte siehe Seiten 58, 59).

Hähnchen-Reis-Salat

Für 4 Portionen

Während der Reis gart, 1 Hähnchenbrustfilet mit Salz, Pfeffer und Rosmarin würzen und in 1 EL Margarine von beiden Seiten goldgelb braten, dann beiseite stellen und abkühlen lassen. 150 g Champignons putzen, in Scheiben schneiden und in dem Bratfett der Hähnchenbrustfilets scharf anbraten und auskühlen lassen. $1/2$ Ananas schälen und den Strunk entfernen. Die Ananas vierteln und quer in Scheiben schneiden. Die Hähnchenbrustfilets in mundgerechte Stücke schneiden. 100 g gekochten Reis (roh etwa 50 g) mit den vorbereiteten Zutaten in einer Schüssel mischen. 150 g Joghurt mit 100 g saurer Sahne, abgeriebener Schale von 1 Limette, $1/2$ TL geriebenem Ingwer, 1 TL Honig und 2 EL Erdnussöl verrühren. Den Reissalat mit diesem Dressing vermengen und 2 Stunden im Kühlschrank ziehen lassen.

Koreanischer Reissalat

Für 2 Portionen

Etwa 1 Tasse frisches Gemüse waschen und putzen oder schälen und würfeln. 1 Zwiebel und 1 Knoblauchzehe schälen und fein zerkleinern. 1 EL Öl in einer Pfanne erhitzen, Zwiebel, Knoblauch und Gemüse darin bissfest garen. Mit Salz und Pfeffer würzen. Das Gemüse mit 2 Tassen gekochtem Reis vermengen.

> **TIPP**
> Koreaner machen ihren Salat entweder mit Essig oder mit Öl an – nicht mit beidem.

Bruschetta mit Tomaten und Mozzarella

Vorspeisen und Snacks

FÜR DEN KLEINEN HUNGER

Schneiden, legen, würzen – fertig!

Die Italiener haben es uns vorgemacht: Sie schneiden rohe Champignons in Scheiben, rühren eine raffinierte Soße an, fertig ist die Vorspeise! Was mit Pilzen funktioniert, klappt auch mit vielen anderen Gemüsesorten.

Zucchini-Carpaccio

Für 2 Portionen

00:00 Min.	2 mittelgroße Zucchini	waschen, putzen und quer in hauchdünne Scheiben schneiden 2 Teller kreisförmig damit belegen.
05:00 Min.		Eine Pfanne auf niedrigster Stufe erhitzen.
05:30 Min.	1 EL Zitronensaft, 2 EL weißen Aceto balsamico, 5 EL kaltes Wasser, ½ TL Zucker, Salz und Pfeffer	mit einem Schneebesen aufschlagen.
10:00 Min.	50 g Pinienkerne	in der Pfanne unter Rühren hellbraun rösten. Inzwischen Blätter von
	½ Bund frischem Basilikum	zwischen die Zucchinischeiben stecken.
13:00 Min.		Die Zucchinischeiben mit dem vorbereiteten Dressing marinieren, Pinienkerne darauf verteilen, mit
	2 EL gutem Olivenöl	beträufeln und
15:00 Min.	Parmesankäse	darüber hobeln.

Zeitraffer

Die Zucchini nebeneinander legen und mit der Aufschnittmaschine in dünne Scheiben schneiden. Alternativ einen Gurkenhobel verwenden.

VORSPEISEN UND SNACKS

Varianten

Orangensalat mit Schafskäse und Walnusskernen

Für 2 Portionen

2 große Orangen schälen (dabei auch die weiße Innenhaut entfernen) und in dünne Scheiben schneiden. Die Kerne entfernen. Einige Blätter Chicorée oder Eichblattsalat waschen und trockentupfen, 2 Teller damit auslegen. Die Orangenscheiben kreisförmig darauf anrichten. 2 EL Orangensaft, 2 TL Himbeeressig, 1/2 TL Honig, 1 kleine Prise Salz und etwas Pfeffer verrühren, 1 EL Walnussöl unterschlagen. 100 g französischen Schafskäse (oder 75 g fein gewürfelten Feta) auf den Orangenscheiben verteilen. 2 EL Walnusskerne mit einem Messer grob hacken. Das Dressing über den Salat gießen und die Nüsse darüber streuen.

⊕ 05:00 Min.

Carpaccio von der Lachsforelle

Für 4 Portionen

400 g frisches Lachsforellenfilet waschen, trockentupfen und von eventuell vorhandenen Gräten befreien. Das Filet mit einem sehr scharfen Messer in hauchdünne Scheiben schneiden. Vier Teller mit Olivenöl bestreichen und die Lachsforellenscheiben darauf kreisförmig anrichten. Den Fisch mit Zitronensaft beträufeln und mit frisch gemahlenem Meersalz würzen. 100 g Champignons putzen und in feine Scheiben schneiden, auf dem Fisch anrichten und ebenfalls mit Zitronensaft beträufeln. Zugedeckt etwa 15 Minuten stehen lassen, dann mit etwas Olivenöl beträufeln und servieren. Dazu passt Baguette.

⊕ 15:00 Min.

TIPPS

- Auf diese Weise können Sie auch andere rohe Fische oder rohes Rinderfilet zubereiten. Zu Rindercarpaccio passen fein gehobelter Parmesan und in feine Scheiben geschnittene Champignons. Luxusversion: frische Trüffel darüber hobeln!

- Verwenden Sie nur absolut frische Produkte und kalt gepresstes Olivenöl von erstklassiger Qualität.

- Die Säure des Zitronensaftes verändert das Eiweiß von Fisch und Fleisch, sodass es nicht mehr roh schmeckt. Zitronensaft ist also ein absolutes Muss bei diesem Gericht.

FÜR DEN KLEINEN HUNGER

Italiener sind an Fantasie in der Küche kaum zu übertreffen: Aus simplen Zutaten wie altbackenem Brot und Tomaten zaubern sie eine Vorspeise, die es zu internationalem Ansehen gebracht hat.

Bruschetta

Für 4 Portionen

00:00 Min.	2 Tomaten	waschen, halbieren und fein würfeln, dabei die Stielansätze entfernen.
01:00 Min.	2 große Scheiben Weißbrot vom Vortag 1 geschälten, halbierten Knoblauchzehe	toasten oder in einer Pfanne bei mittlerer Hitze rösten, mit einreiben. Die Brote halbieren.
05:00 Min.	Salz, Pfeffer etwas Olivenöl	Die Tomaten darauf verteilen, mit würzen, darüber träufeln.

Zeitraffer

Pizzatomaten aus der Dose sind der Turbo-Zeitspar-Tipp.

TIPP
Sie können nach Belieben noch einige Basilikumblätter waschen, trockentupfen und unter die Tomaten mengen, dafür 1 Minute Zeit einplanen. Basilikum gibt einen würzigen Geschmack und mildert die Säure der Tomaten.

VORSPEISEN UND SNACKS

Varianten

Luxus-Bruschetta

Für 4 Portionen

2 große Brotscheiben toasten oder rösten. Inzwischen 6 EL schwarze Oliven ohne Stein hacken. 2 Knoblauchzehen schälen und fein hacken. 2 Tomaten waschen und grob zerkleinern, dabei die Stielansätze herausschneiden. Oliven, Knoblauch und Tomaten mit 1 TL Sardellenpaste, Salz, Pfeffer, 1 Msp. Zucker, 2 TL Tomatenmark und 2 EL Olivenöl in einem Blitzhacker grob zerkleinern. Die noch warmen Brotscheiben mit dieser Masse bestreichen und mit 30 g hauchdünn geschnittenem Coppa (luftgetrockneter, italienischer Schweinekamm), alternativ in feine Streifen geschnittenem Schinken, belegen. Die Brote in mundgerechte Stücke schneiden.

⊕ 05:00 Min.

Crostini mit Pilzen

Für 4 Portionen

200 g Champignons putzen und fein hacken. 1 Schalotte und 1 Knoblauchzehe schälen und ebenfalls fein hacken. 1 knappe Hand voll Petersilienblättchen fein zerkleinern. 1 EL Öl erhitzen, Pilze, Schalotte, Knoblauch und Petersilie darin dünsten. Die Masse mit Salz und Pfeffer würzen und im Mixer fein pürieren. 2 Brotscheiben rösten, halbieren und mit der Pilzcreme bestreichen.

⊕ 20:00 Min.

Bruschetta mit Tomaten und Mozzarella

Für 4 Portionen

Den Backofen auf 200 °C vorheizen. 8 kleine Scheiben Baguette oder 4 Scheiben Toastbrot rösten. 2 Tomaten waschen und in dünne Scheiben schneiden. 125 g Mozzarella abtropfen lassen und in Scheiben schneiden. Toastbrot diagonal halbieren. Die Brotscheiben mit einer halbierten Knoblauchzehe einreiben, mit Tomaten- und Mozzarellascheiben belegen. Die Brote mit etwas Olivenöl beträufeln und im Backofen (Mitte) etwa 5–7 Minuten überbacken. Die fertigen Brote aus dem Backofen nehmen und mit frischen Basilikumblättchen garnieren.

⊕ 15:00 Min.

FÜR DEN KLEINEN HUNGER

Schinkensülzchen mit Gemüse

Für 4 Portionen

00:00 Min.	12 Blatt weiße Gelatine	in kaltem Wasser einweichen.
01:00 Min.	400 ml Kalbsfond (aus dem Glas) mit 100 ml Weißwein und 3 EL Weißweinessig Salz und Pfeffer	zum Kochen bringen. Die Gelatine ausdrücken und in der heißen Flüssigkeit auflösen. Mit würzen. Kleine Förmchen mit etwas Flüssigkeit ausgießen und im Kühlschrank erstarren lassen. Inzwischen
10:00 Min.	200 g Schinken 150 g Erbsen (aus der Dose)	in feine Würfel schneiden. abtropfen lassen.
15:00 Min.	1 Fleischtomate	mit kochendem Wasser überbrühen, kurz darin ziehen lassen, dann häuten. Die Tomate halbieren, Stielansatz und Kerne entfernen und das Fruchtfleisch in Würfel schneiden.
17:00 bis 25:00 Min.	$1/2$ Bund Petersilie	waschen und die Blättchen fein hacken. Schinken, Erbsen, Tomatenwürfel und Petersilie mischen und auf das erstarrte Gelee geben. Mit der restlichen Flüssigkeit übergießen und im Kühlschrank in etwa 4 Stunden erstarren lassen. Die Förmchen aus dem Kühlschrank nehmen, kurz in heißes Wasser tauchen und die Sülzchen auf Teller stürzen.

PASSENDE SAUCEN

50 g Joghurt mit 50 g Crème fraîche und 2 EL Zitronensaft verrühren und mit Salz, Pfeffer und 1 zerdrückten Knoblauchzehe würzen.
1 Bund Schnittlauch waschen und in feine Röllchen schneiden, unter die Sauce rühren.

3 EL Weißweinessig mit $1/2$ TL Salz und 1 TL Zucker verrühren. Dann mit einem kleinen Schneebesen 6 EL Sonnenblumenöl unterschlagen. Die Vinaigrette mit fein geschnittenem Schnittlauch oder anderen Kräutern würzen und zu den Sülzchen reichen.

VORSPEISEN UND SNACKS

Varianten

Sülze mit Hähnchenbrust und Paprika

Für 4 Portionen

1 Hähnchenbrustfilet mit Salz, Pfeffer und etwas Rosmarin würzen. 1 EL Butterschmalz erhitzen, das Hähnchenbrustfilet darin anbraten, dann bei mittlerer Hitze in etwa 10 Minuten fertig braten und beiseite stellen. 1 rote Paprikaschote waschen, putzen und in kleine Würfel schneiden. 12 Blatt Gelatine in kaltem Wasser einweichen. 400 ml Geflügelfond mit 100 ml halbtrockenem Sherry zum Kochen bringen. Die ausgedrückte Gelatine darin auflösen, den Bratensaft vom Hähnchenbrustfilet unterrühren. Den Boden kleiner Förmchen mit Flüssigkeit bedecken und diese im Kühlschrank erstarren lassen. Das Filet klein würfeln. $^1/_2$ Bund Schnittlauch waschen, in feine Röllchen schneiden. Paprika, Fleisch und Schnittlauch mischen und auf den Geleeboden geben, restliche Flüssigkeit angießen, die Sülzchen 4 Stunden kalt stellen. Dann herausnehmen, kurz in heißes Wasser stellen und auf Teller stürzen.

⊕ 10:00 Min.

Gemüsesülzchen

Für 4 Portionen

12 Blatt weiße Gelatine einweichen. 500 g TK-Suppengemüse in Salzwasser in etwa 5 Minuten bissfest garen. Abgießen und kalt abschrecken. 500 ml Gemüsefond zum Kochen bringen, Gelatine darin auflösen. Das Gemüse in Förmchen verteilen, Gemüsefond angießen. Die Sülzchen 4 Stunden kalt stellen.

⊖ 05:00 Min.

Garnelensülzchen

Für 4 Portionen

12 Blatt Gelatine in kaltem Wasser einweichen. 400 ml Fischfond (aus dem Glas) mit 100 ml halbtrockenem Sherry zum Kochen bringen und die ausgedrückte Gelatine darin auflösen. Förmchen mit etwas Flüssigkeit ausgießen, im Kühlschrank erstarren lassen. 1 Tomate mit kochendem Wasser überbrühen, häuten und klein würfeln, mit 200 g Garnelen und einigen in feine Streifen geschnittenen Basilikumblättchen mischen, auf den Geleeboden verteilen, mit Flüssigkeit aufgießen, 4 Stunden gelieren lassen.

⊕ 00:00 Min.

Kartoffelterrine

Für 1 Kastenform von 30 cm Länge

00:00 Min.	200 g TK-Blattspinat	auftauen lassen.
	1,5 kg mehlig kochende Kartoffeln	waschen und in wenig Wasser etwa 30 Minuten garen. Inzwischen
05:00 Min.	1 Zwiebel 2 Knoblauchzehen 1 EL Öl	und schälen, fein hacken und in glasig dünsten.
15:00 Min.	200 g Crème fraîche und 5 EL Gemüsebrühe	dazugeben und aufkochen lassen. Die Sauce bei starker Hitze unter Rühren in etwa 5 Minuten auf die Hälfte reduzieren.
30:00 Min.		Die Kartoffeln abgießen, kalt abschrecken, etwas abkühlen lassen, dann schälen und zweimal durch die Kartoffelpresse drücken.
45:00 Min.	2 Eier Salz, Pfeffer und Muskatnuss	mit der Crème fraîche verquirlen und unter die Kartoffeln rühren. Die Masse mit würzen. Den Ofen auf 180° C (Umluft 160 °C, Gas Stufe 2-3) vorheizen. Die Kartoffelmasse halbieren.
50:00 Min.	 50 g geriebenen Parmesan	Den Spinat ausdrücken, fein hacken und unter eine Hälfte der Kartoffelmasse rühren. Unter die andere Hälfte mengen.
60:00 Min.		Eine Kastenform einfetten. Die beiden Kartoffelmassen übereinander in die Form geben. Die Terrine mit gefetteter Alufolie abdecken und im Backofen (Mitte) etwa 1 1/2 Stunden backen.
02:30 Std.		Die fertige Terrine aus dem Backofen nehmen und 5 Minuten in der Form ruhen lassen, dann stürzen.
02:35 Std.	1 Bund Schnittlauch	waschen, trockenschütteln und fein hacken. Die Terrine in etwa 1 cm dicke Scheiben schneiden, mit dem Schnittlauch bestreuen und servieren.

Varianten

Kartoffel-Champignon-Terrine

Für 1 Kastenform von 30 cm Länge

300 g Champignons putzen und in feine Scheiben schneiden. 1 Schalotte schälen und fein hacken. 1 Knoblauchzehe schälen. 2 EL Olivenöl in einer Pfanne erhitzen, die Schalotte darin glasig dünsten. Die Pilze dazugeben und bei starker Hitze braten, bis die dabei entstehende Flüssigkeit fast völlig verdunstet ist. Die Pilze mit 1 EL Mehl bestäuben. 150 g Sahne angießen, mit Salz und Pfeffer würzen. Die Pilz-Sahne dick einkochen lassen und zwischen die beiden Kartoffelschichten geben. Die Terrine garen wie im Rezept links beschrieben.

⊕ 30:00 Min.

Möhren-Brokkoli-Terrine

Für 1 Kastenform von 30 cm Länge

750 g TK-Brokkoli auftauen lassen. 750 g Möhren schälen und in Scheiben schneiden. 2 Schalotten schälen und fein hacken. In zwei getrennten Töpfen je 1 EL Öl erhitzen und jeweils die Hälfte der Schalotten darin glasig dünsten. Brokkoli und Möhren darin in 2–3 EL Wasser bei schwacher Hitze getrennt in etwa 20 Minuten weich garen. Die Gemüse mit einem Pürierstab pürieren, je 1 Ei und 50 g Crème fraîche unterrühren. Die Masse mit Salz und Pfeffer würzen. Eine Kastenform mit Butter ausstreichen und die Massen nacheinander hineinstreichen. Die Form mit gefetteter Alufolie abdecken und die Terrine im vorgeheizten Backofen bei 180 °C (Umluft 160 °C, Gas Stufe 2–3) 1 Stunde backen. Die fertige Terrine aus dem Backofen nehmen, kurz in der Form ruhen lassen, dann stürzen und in Scheiben schneiden. Diese Terrine schmeckt auch gut gekühlt.

⊖ 30:00 Min.

BEILAGENTIPP

Dazu passt eine Sauce aus 100 g Joghurt, 100 g saurer Sahne, 2 EL Zitronensaft, 1 Bund klein geschnittenem Schnittlauch oder 1 Bund fein zerkleinertem Basilikum und 1 zerdrückten Knoblauchzehe. Die Sauce mit Salz, Pfeffer, Zucker und Zitronensaft abschmecken.

FÜR DEN GROSSEN HUNGER

Die einzig wahre Nudel ...

... ist Pasta al dente. Sagen die Italiener, die Europa-Experten in Sachen Nudeln, und die müssen es schließlich wissen: Perfekt gekochte Pasta ist ein einfacher, aber raffinierter Genuss.

Nudeln garen

Für 4 Portionen

00:00 Min.	4 l Wasser	mit
02:00 Min.	1 geschälten Zwiebel, 1 Lorbeerblatt und 2 EL Olivenöl	aufkochen lassen.
09:00 Min.	2 EL Salz sowie 400 g Bandnudeln	ins sprudelnde Wasser geben und sofort umrühren. Die Platte auf mittlere Stufe zurückschalten und die Nudeln nach Packungsangabe bissfest garen.
ca. 20:00 Min.	etwas Olivenöl	Die fertigen Nudeln abgießen und abtropfen lassen, Zwiebel und Lorbeerblatt entfernen. Die Nudeln mit durchschwenken und anrichten.

PRAXISTIPPS

- Wie lange Nudeln garen, ist von Sorte zu Sorte und Marke zu Marke verschieden, halten Sie sich deshalb an die Angaben auf der Packung und probieren Sie kurz vor Ende der Garzeit eine Nudel.
- Zum Abtropfen der Nudeln das Sieb mehrmals am Spülbeckenrand mit leicht kreisender, oder schwenkender Bewegung aufschlagen (das ist besonders wichtig bei Röhrennudeln wie z. B. Makkaroni oder Penne).

Varianten

Pesto-Mandel-Schleifen

Für 4–5 Portionen

Nudelwasser nach Grundrezept zum Kochen bringen. Zwei Pfannen bei mittlerer Hitze erwärmen. Bei 09:00 Min. 500 g Farfalle (Schmetterlingsnudeln) ins Kochwasser geben. In der ersten Pfanne 40 g Butter zerlassen und mit 2 EL Pesto verrühren. In einer zweiten Pfanne 6 EL Mandelblättchen ohne Fett unter mehrfachem Wenden hellbraun rösten. Die Nudeln abgießen, abtropfen lassen und in die Pfanne mit dem Pesto geben. Nach Geschmack mit etwas Salz nachwürzen und mehrmals durchschwenken bzw. die Nudeln wenden, bis sich das Pesto gleichmäßig verteilt hat. Die Nudeln auf Teller verteilen und mit den gerösteten Mandeln bestreuen.

⊕ 05:00 Min.

TIPPS

- Pesto können Sie in Gläsern fertig kaufen. Angebrochenes Pesto immer mit einer Schicht Öl begießen und gut verschlossen im Kühlschrank lagern.

- Zum Rösten der Mandeln eignet sich am besten eine beschichtete Pfanne. Sind die Mandeln leicht goldgelb, die Herdplatte abschalten: In der Platte und im Metall der Pfanne ist so viel Restwärme gespeichert, dass die Mandeln bis zu 10 Minuten nachbräunen, im schlimmsten Fall sogar noch verbrennen können!

Schinkennudeln

Für 4 Portionen

Nudelwasser nach Grundrezept zum Kochen bringen. 1 Zwiebel schälen und fein hacken. 150 g Schinken in kleine Würfel oder Streifen schneiden. 30 g Butter in einer Pfanne erhitzen, die Zwiebel darin glasig braten. Die Nudeln garen, abgießen und abtropfen lassen. Zusammen mit dem Schinken zu der Zwiebel geben, kurz durchschwenken. 2 Eier mit 100 ml Sahne verquirlen, unter die Nudeln mischen. Die Nudeln mit Salz und Pfeffer würzen und kurz erwärmen, dann servieren. Dazu passt am besten ein bunter Salat.

⊕ 05:00 Min.

FÜR DEN GROSSEN HUNGER

Spaghetti mit Tomatensauce

⊕ 00:00 Min.

Für 4 Portionen
Nudelwasser nach Grundrezept zum Kochen bringen. 2 EL Olivenöl in einem Topf erhitzen, 1 Zwiebel und 1 Knoblauchzehe fein zerkleinern und in dem Öl bei mittlerer Hitze glasig werden lassen. Mit $1/2$ TL Oregano, $1/2$ zerkrümelten Lorbeerblatt und etwas Thymian würzen. 1 Dose passierte Tomaten (400 g) dazugeben und auf höchster Stufe zum Kochen bringen. Die Temperatur reduzieren. Die Sauce mit Salz, Pfeffer, Suppenwürze und etwas Zucker würzen und offen 8 Minuten bei schwacher Hitze weiterköcheln lassen. Bei 09:00 Min. 500 g Spaghetti und Salz ins Kochwasser geben. Die Spaghetti bissfest garen, dann abgießen. Die heißen Spaghetti unter die Sauce heben und gut durchmischen. Eventuell mit Salz abschmecken. Anrichten und mit 4 EL geriebenem Parmesan bestreuen.

Orecchiette mit Maroni

⊕ 20:00 Min.

Für 4–5 Portionen
Backofen auf 200 °C vorheizen. 750 g Maronen mit einem kleinen Messer auf zwei Seiten einritzen und auf einem Backblech in den Ofen schieben. Nach 15:00 Min. das Kochwasser für die Nudeln auf den Herd stellen (Grundrezept). Nach etwa 20:00 Min. Maroni aus dem Backofen nehmen, schälen und in Scheiben schneiden. Gleichzeitig eine große Pfanne bei mittlerer Stufe auf den Herd stellen, 500 g Orecchiette ins Kochwasser geben und nach Grundrezept garen. 40 g Butter in der Pfanne zerlassen, 3 EL Mandelblättchen sowie die Maroni dazugeben, durchschwenken und 8 Minuten bräunen. Die Nudeln abgießen und abtropfen lassen. Nach und nach 200 g Sahne unter die Maroni mischen, bei starker Hitze kochen lassen bis die Sauce sämig geworden ist. Abgetropfte Nudeln unterrühren, mit Salz würzen. Die Nudeln auf vorgewärmten Tellern anrichten.

Nudeln mit Brokkolisauce

⊕ 10:00 Min.

Für 4 Portionen
Nudelwasser nach Grundrezept zum Kochen bringen. 300 g Brokkoli waschen, putzen und in kleine Röschen teilen. 1 unbehandelte Zitrone waschen, trocknen und die Schale fein abreiben, die Zitrone auspressen. Einen Topf mit 2 EL Olivenöl erhitzen. 2 Knoblauchzehen und 1 Schalotte schälen und fein hacken, in dem Öl glasig braten. 400 g Farfalle im Nudelwasser bissfest garen. 2 EL Mandelblättchen in einer Pfanne hellgelb rösten. Den Brokkoli zu den Schalotten geben und kurz mitdünsten, dann 100 ml Gemüsefond angießen.

Den Brokkoli zugedeckt etwa 15 Minuten garen. Dann 3 EL Sahne unterrühren und alles mit einem Pürierstab pürieren. Die Sauce mit Salz, Pfeffer, etwas Zucker und Zitronensaft würzen. Die Nudeln abgießen, abtropfen lassen, auf vorgewärmten Tellern anrichten und mit der Brokkolicreme übergießen, mit Mandelblättchen und Parmesan bestreuen

TIPPS

- Diese Sauce gelingt auch mit anderen Gemüsesorten. Besonders gut schmecken Saucen mit Zucchini oder Möhren.

- Reste am nächsten Tag mit Mozzarella- und Tomatenwürfeln mischen, mit Semmelbröseln bestreuen und im Backofen bei 200 °C goldbraun überbacken.

- Zitronen lassen sich leichter auspressen, wenn Sie sie vorher mit gleichmäßigem, kräftigem Druck der Hand auf der Arbeitsfläche hin und her rollen.

Penne mit Spinatcreme und Pinienkernen

Für 4 Portionen

Nudelwasser nach Grundrezept zum Kochen bringen. 300 g Spinat waschen, verlesen und putzen. Einen Topf mit 2 EL Olivenöl erhitzen. 1 Schalotte und 1 Knoblauchzehe schälen und fein hacken, in dem Olivenöl glasig braten. Den Spinat tropfnass hineingeben und zusammenfallen lassen, in etwa 10 Minuten weich dünsten. Inzwischen in einer Pfanne ohne Fett 3 EL Pinienkerne goldgelb rösten. 400 g Penne in dem Nudelwasser bissfest garen. Den Spinat mit 100 g Sahne in einem Mixer fein pürieren. Die Sauce wieder erwärmen, mit Salz, Pfeffer, Muskatnuss und 2 EL geriebenem Parmesan würzen. Die Nudeln abgießen und abtropfen lassen, auf vorgewärmten Tellern mit der Sauce anrichten und mit den gerösteten Pinienkernen bestreuen. Nach Belieben geriebenen Parmesan oder zerbröselten Schafskäse dazu reichen.

Statt frischem Spinat können Sie auch TK-Rahmspinat nehmen. Das spart 15 Minuten fürs Waschen und Dünsten.

Zeitraffer

Reis, Knödel & Kartoffeln

FÜR DEN GROSSEN HUNGER

Es muss nicht immer Pasta sein ...

Nudeln sind zwar beliebte Sattmacher und sorgen für Vielfalt auf dem Familientisch. Aber wie wäre es, wenn Sie Ihre Lieben einmal mit Köstlichkeiten aus Mehl, Maismehl oder Reis überraschen – auch wenn Sie dafür ein bisschen mehr Zeit investieren müssen.

Polenta

Für 4 Portionen

00:00 Min.	1½ l Wasser mit 2 Brühwürfeln und etwas geriebener Muskatnuss	bei starker Hitze zum Kochen bringen.
06:30 Min.	250 g Maisgrieß	einrieseln und unter Rühren bei schwächster Hitze quellen lassen. Der Maisbrei ist fertig, wenn er sich vom Topfrand löst.
26:30 Min.		Ein großes Brett kalt abspülen und auf die Arbeitsfläche legen. Die Polenta 1 cm dick darauf streichen und abkühlen lassen.
40:00 Min.		Die Polenta in Stücke von 4 cm Kantenlänge schneiden und in
45:00 Min.	40 g Butter und 2 EL Olivenöl	von beiden Seiten goldbraun braten.
55:00 Min.	60 g geriebenen Parmesan oder Emmentaler Käse	Nach Belieben darüber streuen

TIPPS

- Sie können die Polenta bis zu 12 Stunden vor dem Essen zubereiten, auf ein nasses oder gut gefettetes Blech streichen und kalt stellen. Die Oberfläche mit gefettetem Pergamentpapier abdecken, damit sie nicht hart wird. Weiter wie bei 40:00 Min. im Grundrezept.
- Statt Maisgrieß je zur Hälfte Maisgrieß und Weizengrieß verwenden. Für Kinder am Brühwürfel sparen und die Polenta mit Backförmchen wie für Weihnachtsgebäck ausstechen.
- Einen Löffel in zerlassene Butter tauchen, Klößchen abstechen und auf einer Platte anrichten. Die Klößchen mit gebräunter Butter übergießen oder in Salbeibutter anbraten.

Varianten

Mozzarella-Polenta

Für 4 Portionen

Bis 26:30 Min. Polenta wie im Grundrezept beschrieben zubereiten, gut auskühlen lassen, knapp 1 cm dick auf einem gut angefeuchteten Backblech ausstreichen und abkühlen lassen. Dann mit einer runden Form (etwa 6 cm ⌀) Taler ausstechen. Zwischen 2 Polentascheiben je 1 Scheibe Mozzarella legen. Diese »Polentasandwiches« in verquirltem Ei und Semmelbröseln wenden und in heißem Pflanzenöl schwimmend ausbacken. Die fertigen Teile herausnehmen und im 100 °C warmen Backofen auf Küchenpapier (saugt Fett auf) bis zum Servieren warm halten.

⊕ 20:00 Min.

Bunte Polenta

Für 4 Portionen

1 rote und 1 grüne Paprikaschote waschen, putzen und in feine Würfel schneiden. 1 gehackte Knoblauchzehe sowie 1 fein gewürfelte Zwiebel und 1 Bund geschnittenen Schnittlauch in 60 g Butter in einer Pfanne bei starker Hitze rasch anbraten und mit Salz und Pfeffer leicht würzen. Die Polenta zubereiten wie im Grundrezept beschrieben, jedoch zehn Prozent weniger Flüssigkeit nehmen. Zuerst den Maisgrieß, dann das Gemüse einrühren und die Polenta quellen lassen. Servieren Sie dazu einen knackigen Blattsalat.

⊕ 20:00 Min.

Tomaten-Polenta

Für 4 Portionen

1 Zwiebel und 1 Knoblauchzehe schälen und fein würfeln, mit etwas getrocknetem Oregano und Thymian in einer Pfanne mit 60 g Butter rasch anschwitzen, mit 2 EL Tomatenmark binden, mit wenig Zucker abschmecken. Die Polenta nach Grundrezept zubereiten, den Maisgrieß einrühren, dann die Gewürzmischung untermengen und die Polenta quellen lassen.

⊕ 10:00 Min.

FÜR DEN GROSSEN HUNGER

Reis: ein variables Korn

Reis garen (Grundrezept I)

Für 4 Portionen

00:00 Min.	2 Tassen Langkornreis	in ein Sieb geben und unter fließendem Wasser abbrausen, bis das Wasser klar bleibt. Den Reis mit
02:00 Min.	4 Tassen Wasser $1/2$ TL Salz	und in einen Topf geben. Alles zum Kochen bringen und etwa 2 Minuten offen kochen lassen.
10:00 Min.		Dann die Hitze reduzieren und den Reis bei schwacher Hitze zugedeckt in etwa 20 Minuten ausquellen lassen.
30:00 Min.	einige Butterflöckchen	Zum Schluss den Reis mit einer Gabel auflockern und nach Belieben unterrühren.

Reis garen (Grundrezept II)

Für 4 Portionen

00:00 Min.	2 l Salzwasser	zum Kochen bringen.
11:45 Min.	2 Tassen Langkornreis	hineingeben und darin offen in etwa 20 Minuten weich garen. Den Backofen auf 100 °C vorheizen. Den fertigen Reis in ein Sieb schütten, abtropfen lassen und auf einem Backblech verteilen.
33:00 Min.	20 g Butter	in Flöckchen auf dem Reis verteilen und diesen im Backofen ausdampfen lassen.

> **TIPP**
> Besonders schonend wird Reis im Dampf gegart. Dafür den Reis in einen Dämpfeinsatz geben und über kochendem Wasser in etwa 30 Minuten zugedeckt garen.

Varianten

Petersilienreis

Für 4 Portionen

⊕ 00:00 Min.

Den Reis wie im Grundrezept beschrieben zubereiten. So lange der Reis gart, 1/2 Bund Petersilie waschen, trockenschütteln und sehr fein hacken. 1 Schalotte schälen und ebenfalls sehr fein hacken. 3 EL Kürbiskernöl in einer Pfanne erhitzen, die Schalotte darin glasig dünsten, die Petersilie hinzufügen und kurz mitdünsten. Das Petersilienöl unter den fertigen Reis mischen.

Reis mit Rosinen und Nüssen

Für 4 Portionen

⊕ 00:00 Min.

Den Reis nach Grundrezept zubereiten. 1 EL Rosinen in 2 EL Apfelsaft einweichen. 3 EL Pinienkerne in einer Pfanne ohne Fett hellgelb rösten. 1 kleine getrocknete Chilischote zerkrümeln. Pinienkerne, Rosinen und Chilischote mit etwas Butter unter den Reis mischen.

Orangen-Curry-Reis

Für 4 Portionen

⊕ 00:00 Min.

Den Reis nach Grundrezept garen. 1 unbehandelte Orange heiß abwaschen und trocknen. Die Schale fein abreiben. Den Saft auspressen. 2 EL Cashewkerne in einer Pfanne ohne Fett hellgelb rösten, dann beiseite stellen. 1 EL Öl in einer Pfanne erhitzen. 1 Knoblauchzehe schälen, in das Öl drücken und darin glasig braten. 1 TL Curry dazugeben und kurz darin anschwitzen. 2 EL Orangensaft sowie die -schale hinzufügen und einkochen lassen. Die Cashewkerne hacken und mit der Curry-Orangen-Mischung unter den Reis heben.

> **DAS GIBT PEPP**
> Reis können Sie mit den verschiedensten Gemüsen aufpeppen: Unter den gegarten Reis sehr fein geschnittene Würfel von Paprika, Tomate, Zucchini oder Möhre geben, nach Belieben mit gehackten Kräutern oder Nüssen kombinieren. Die Gemüse zuvor in etwas Öl andünsten oder im kochenden Salzwasser bissfest garen.

FÜR DEN GROSSEN HUNGER

Limetten-Safran-Risotto

Für 4 Portionen

00:00 Min.	¾ l Fleischbrühe	zum Kochen bringen. In einem zweiten Topf
01:00 Min.	60 g Butter	bei mittlerer Hitze zerlassen.
03:00 Min.	3–4 Schalotten 300 g Reis	schälen, fein würfeln und in der Butter glasig braten. Inzwischen bereitstellen.
06:00 Min.	2 Limetten	waschen, trocknen und die Schale abreiben, die Früchte mit dem Messer schälen und das Fruchtfleisch würfeln (Kerne entfernen).
11:00 Min.	1 TL Zucker Salz und Pfeffer	Limettenschale und -würfel unter die Zwiebeln rühren. und den Reis dazugeben und mitdünsten, bis alle Körnchen von Fett überzogen sind, dann mit würzen.
15:00 Min.	⅛ l Weißwein	angießen und unter Rühren einkochen lassen. Dann nach und nach die Fleischbrühe angießen, dabei beständig rühren. Den Reis in 20–30 Minuten fertig garen. Zum Schluss den Inhalt von
45:00 Min.	2 Döschen Safran 50 g geriebenen Parmesan 2 EL Butter	sowie und unterrühren, den Risotto sofort servieren.

So gelingt Risotto

- Für Risotto eignet sich Rundkornreis besonders gut, zum Beispiel Arborio (fino und super fino), Vialone und Carnaroli.
- Langkornreis kocht trocken und körnig und ist deshalb für Risotto nicht zu empfehlen.
- Risotto darf nicht trocken sein, er soll weich vom Löffel fallen, der Reis aber dennoch Biss haben.

Varianten

Spargelrisotto

Für 4 Portionen

⊕ 30:00 Min.

400 g grünen Spargel waschen, im unteren Drittel schälen und die Enden abschneiden. Schalen und Enden mit $3/4$ l Wasser zum Kochen bringen. 1 EL Butter, 1 Scheibe von 1 unbehandelten Zitrone, etwas Salz und Zucker ins Wasser geben und etwa 10 Minuten kochen lassen. Den Spargelsud durch ein Sieb in einen zweiten Topf gießen und wieder erhitzen. Die Spargelstangen in etwa 3 cm große Stücke schneiden und in dem Sud in etwa 5 Minuten bissfest garen. Inzwischen wie im Rezept links beschrieben einen Risotto zubereiten (ohne Limetten und Safran). Den Spargel zum Schluss mit Parmesan und Butter unter den fertigen Risotto heben, eventuell auch etwas von der Spargelflüssigkeit unterrühren oder einen Teil der Fleischbrühe durch Spargelsud ersetzen.

Zucchini-Garnelen-Risotto

Für 4 Portionen

⊕ 05:00 Min.

1 Zucchino waschen, putzen und grob raspeln. Den Risotto nach dem Rezept links kochen und etwa 10 Minuten vor Ende der Garzeit die Zucchiniraspel und 200 g frische oder tiefgekühlte gegarte und geschälte Garnelen unterrühren.

Pilzrisotto

Für 4 Portionen

⊕ 05:00 Min.

30 g getrocknete Steinpilze mit lauwarmem Wasser begießen und etwa 2 Stunden einweichen lassen. Das Einweichwasser durch einen Filter gießen und die Steinpilze klein schneiden. Den Risotto wie links beschrieben zubereiten (ohne Limetten), die Steinpilze mit den Schalotten andünsten. Den Reis mit Weißwein und Pilz-Einweichwasser ablöschen, dann nach und nach die Fleischbrühe zugeben. Kurz vor Ende der Garzeit den Inhalt von 1 Döschen Safran mit 50 g geriebenem Parmesan und 2 EL Butter unter den Risotto rühren.

FÜR DEN GROSSEN HUNGER

Gib dir die Kugel: hausgemachte Knödel

Knödel oder Klöße – egal wie man sie nennt: Die runden Dinger gehören zu den Leibgerichten vieler. Ihre Zubereitung aber gilt als kompliziert und zerfallende Knödel sind eine Katastrophe. Mit diesem Rezept gelingen sie garantiert.

Kartoffelknödel – keine Hexerei

Für 4 Portionen

00:00 Min.	1 kg Kartoffeln	zwei Tage vor der Zubereitung der Klöße in Salzwasser in etwa 20 Minuten nicht zu weich garen. Am Tag der Zubereitung die Kartoffeln schälen und fein reiben oder durch die Presse drücken.
40:00 Min.	2 Brötchen vom Vortag	in kleine Würfel schneiden.
	20 g Butter	in einer Pfanne erhitzen und die Brötchenwürfel darin rundum goldbraun rösten, dann beiseite stellen.
	1 Bund Petersilie	waschen und trockenschütteln. Die Blättchen abzupfen und fein hacken, zu den Brötchenwürfeln geben.
50:00 Min.	2 Eier	und
	2–3 EL Mehl	mit Petersilie und Brötchenwürfeln unter den Kartoffelteig mengen, mit Salz, Pfeffer und geriebener Muskatnuss würzen.
53:00 Min.	3 l Wasser	in einem weiten Topf abgedeckt zum Kochen bringen. Inzwischen
54:00 Min.	2 TL Speisestärke	mit
	4 EL Wasser	glatt rühren und in das Kochwasser geben.
55:00 Min.		Mit leicht angefeuchteten Händen aus der Knödelmasse knapp Tennisball große Klöße formen.
63:00 Min.	2 TL Salz	ins kochende Wasser geben. Die angerührte Stärke mit einem Schneebesen in das Kochwasser einrühren.
64:00 Min.		Herdplatte auf mittlere Stufe zurückschalten, die Knödel einlegen und das Wasser aufwallen lassen. Die Knödel im siedenden Wasser 10–15 Minuten garen.
74:00 Min.		Die Knödel mit einem Sieblöffel aus dem Wasser nehmen, abtropfen lassen und anrichten.

Varianten

Rohe Knödel

Für 4 Portionen

1 kg rohe mehlig kochende Kartoffeln waschen, schälen, $2/3$ fein reiben, in eine Schüssel mit kaltem Wasser geben und kurze Zeit stehen lassen, damit sich die Stärke absetzen kann. Inzwischen die restlichen Kartoffeln würfeln und mit etwas Wasser in etwa 20 Minuten weich garen. 100 ml Milch erhitzen. Die Kartoffeln abgießen, durch die Presse drücken oder zerstampfen und die heiße Milch sowie 20 g Butter unterrühren. Die rohen Kartoffeln in einem Tuch auspressen. Die gekochten Kartoffeln mit den rohen Kartoffeln, der abgesetzten Stärke, 1 TL Salz und 1 kleinen Ei oder 1 Eigelb vermengen. Salzwasser zum Kochen bringen. Aus dem Teig Knödel formen, diese im siedenden Wasser etwa 15 Minuten garen, dann herausheben und abtropfen lassen. Sie können die Knödel nach Belieben noch mit in Butter gerösteten Brotwürfelchen füllen.

⊕ 00:00 Min.

Blitzknödel

Für 4 Portionen

Fertigteig aus der Kühltruhe nehmen. Den Teig aus der Packung nehmen und kurz durchkneten. Das Kochwasser vorbereiten wie im Grundrezept beschrieben. Aus dem Fertigteig Knödel formen, diese im siedenden Wasser in etwa 15 Minuten garen. Dann herausheben und abtropfen lassen. Die Knödel nach Belieben mit gerösteten Brot- oder Speckwürfelchen füllen.

⊖ 30:00 Min.

Butterbrösel

Für 4 Portionen

10 Minuten bevor die Knödel fertig sind, mit der Zubereitung der Butterbrösel beginnen. Eine Pfanne bei mittlerer Stufe erhitzen. 1 Zwiebel schälen und möglichst fein würfeln. 80 g Butter in der Pfanne schmelzen und die Zwiebeln darin glasig werden lassen. Inwischen $1/2$ bis 1 Bund Petersilie waschen, trockenschütteln und fein hacken. 2 EL Semmelbrösel unter die Zwiebeln rühren. Die gehackte Petersilie unterheben, alles mit Salz und wenig Pfeffer würzen. Die Herdplatte abschalten und die Masse darauf noch maximal 1 Minute stehen lassen. Die angerichteten Knödel mit der schäumenden Bröselschmelze überziehen.

⊕ 00:00 Min.

FÜR DEN GROSSEN HUNGER

Semmelknödel: ein Fall für Brotreste

Für 4 Portionen

00:00 Min.	4 l Wasser	in einem großen Topf zum Kochen bringen.
	300 ml Milch	erhitzen.
02:00 Min.	6 Semmeln vom Vortag	in kleine Würfel schneiden und in eine Schüssel geben. Mit der heißen Milch übergießen.
12:00 Min.	1 Zwiebel	schälen und fein hacken.
15:00 Min.	½ Bund Petersilie	waschen, trockenschütteln und die Blättchen ebenfalls fein hacken.
18:00 Min.	20 g Butter	erhitzen. Die Zwiebel darin glasig dünsten. Die Petersilie hinzufügen und kurz mitdünsten, dann abkühlen lassen.
25:00 Min.	1 großes Ei, 1 TL Salz, Pfeffer Muskatnuss	und mit der Zwiebel-Petersilien-Mischung zur Brötchenmasse geben und alles gut vermengen. Es sollte ein formbarer, aber nicht zu fester Teig entstehen.
30:00 Min.		Aus dem Teig etwa Tennisball große Knödel formen und diese im siedenden Salzwasser etwa 20 Minuten garen.
60:00 Min.		Die fertigen Knödel mit einer Schaumkelle herausheben und abtropfen lassen.

PROFITIPP
Ist der Teig zu fest, 1 kleines Eigelb oder etwas Milch unterkneten, ist der Teig zu weich und klebrig, esslöffelweise Semmelbrösel darunter mischen.

Varianten

Semmelknödel mit Speck

Für 4 Portionen
Verfahren wie im Grundrezept beschrieben. Bei 15:00 Min. 50 g Speck von Knorpeln und Schwarte befreien und in kleine Würfel schneiden. Den Speck in einer Pfanne knusprig braten, herausnehmen und beiseite stellen. Zwiebel und Petersilie in dem Speckfett und der Butter dünsten, dann abkühlen lassen. Mit dem Speck, dem Ei und den Gewürzen unter die Brötchenmasse kneten. Die Knödel formen und garen wie im Grundrezept beschrieben.

⊕ 10:00 Min.

Serviettenknödel

Für 4 Portionen
Den Knödelteig herstellen wie im Grundrezept beschrieben. 50 g Butter in einem kleinen Topf zerlassen. Ein Küchentuch aus Leinen damit bestreichen. Die Knödelmasse entweder zu einem großen Kloß oder zu einer Rolle formen, in dem Tuch einschlagen und die Enden abbinden. Reichlich Salzwasser zum Kochen bringen. Den Kloß mit Küchenzwirn an einem Kochlöffel festbinden und ins siedende Wasser tauchen, er sollte den Topfboden nicht berühren. Den Serviettenknödel etwa 30 Minuten garen. Den fertigen Knödel aus dem Wasser heben, aus der Serviette wickeln und in Scheiben schneiden.

⊕ 00:00 Min.

TIPP

- Semmelknödel schmecken hervorragend mit einer Pilzrahm-, Lauch- oder Tomatensauce oder als Beilage zu Braten, Gulasch und Ragout.
- Reste von Semmelknödeln in Scheiben schneiden, in einer Pfanne in reichlich Butter anbraten. Eier mit Schnittlauchröllchen und etwas Milch verquirlen. Die Eiermilch über die gerösteten Knödel gießen, stocken lassen.

FÜR DEN GROSSEN HUNGER

Vom Teamspieler zum Solisten: die Kartoffel

Kartoffeln sind erstaunlich anpassungsfähig, eine Eigenschaft, die man der erdigen Knolle nicht ohne weiteres zusprechen würde. Doch tatsächlich reicht die Bandbreite ihrer geschmacklichen Wandlungsfähigkeit von rustikal bis elegant.

Bouillonkartoffeln

Für 4 Portionen

00:00 Min.
| 1 kg Kartoffeln | waschen, schälen und in Scheiben schneiden. |
| 1 Stange Lauch | längs aufschneiden, gründlich abbrausen, in Scheiben schneiden. |

15:00 Min.
1 l Fleischbrühe	zum Kochen bringen. Inzwischen
1 Möhre	schälen und in kleine Würfel schneiden.
1 Zwiebel	schälen und fein hacken.

25:00 Min.
| 2 EL Öl | erhitzen. Die Zwiebel darin glasig braten. Das restliche Gemüse dazugeben und mitbraten, dann mit der Fleischbrühe ablöschen. |

35:00 Min.
| | Die Bouillonkartoffeln in etwa 20 Minuten weich garen, inzwischen |
| 1 Bund glatte Petersilie | waschen, trockenschütteln und fein hacken. |

55:00 Min.
| | Die Kartoffeln |
| eventuell mit Salz und Pfeffer | würzen, die Petersilie unterrühren und die Bouillonkartoffeln auf vorgewärmten Tellern anrichten. |

TIPP
Bouillonkartoffeln passen zu gekochtem Rindfleisch, Bratwürstchen oder Frikadellen, sind aber auch solo eine vollwertige, sättigende Mahlzeit, wenn man die Zutatenmenge etwas erhöht.

Zeitraffer

Gefrorene Lauchringe (200 g) ersparen das lästige Putzen, den Ärger mit dem Sand und beschleunigen die Arbeit um etwa 5 Minuten. Ganz Eilige nehmen 300 g TK-Suppengemüse. Zeitersparnis: 10 Minuten.

Varianten

Rahmkartoffeln

Für 4 Portionen
1 kg Kartoffeln waschen, schälen und in Scheiben schneiden. 1 l Fleischbrühe (Instant) erhitzen, die Kartoffelscheiben darin knapp gar kochen, abgießen und abtropfen lassen, die Fleischbrühe auffangen. In einer Pfanne 3 EL Butter zerlassen, 2 EL Mehl darin anschwitzen und mit $1/4$ l von der Fleischbrühe ablöschen. 250 g Sahne dazugeben, mit Salz, Pfeffer und Muskatnuss würzen. Die Kartoffeln in diese Sauce geben und darin bei schwacher Hitze noch etwa 10 Minuten ziehen lassen.

Béchamelkartoffeln

Für 4 Portionen
1 kg Kartoffeln waschen und in der Schale in wenig Wasser zugedeckt in etwa 20 Minuten knapp garen. Die Kartoffeln abgießen, kalt abschrecken und ausdämpfen lassen. Inzwischen 3 EL Butter in einem Topf erhitzen, 3 EL Mehl darin anschwitzen, mit $1/4$ l Fleischbrühe und $1/4$ l Milch ablöschen. Die Sauce mit Salz, Pfeffer und Muskatnuss abschmecken. Die Kartoffeln schälen und in Scheiben oder Würfel schneiden, in die Sauce geben und darin bei schwacher Hitze noch etwa 10 Minuten garen. 50 g gekochten Schinken in kleine Würfel schneiden. 1 Bund Petersilie waschen, trockenschütteln und fein hacken. Mit den Schinkenwürfeln unter die Béchamelkartoffeln mischen. Eventuell noch etwas Sahne unterrühren.

FÜR DEN GROSSEN HUNGER

Kartoffelgratin

Für 4 Portionen

00:00 Min.	1 kg Kartoffeln	Backofen auf 180 °C vorheizen waschen, schälen und in feine Scheiben hobeln.
15:00 Min.	100 g Parmesan	fein reiben.
20:00 Min.	Salz und Pfeffer	Eine ofenfeste Form mit Butter ausstreichen. Die Kartoffeln darin dachziegelartig einschichten, jede Lage mit würzen und mit etwas geriebenem Parmesan bestreuen.
30:00 Min.	400 g Sahne	über die Kartofffeln gießen, mit dem restlichen Parmesan bestreuen und mit
35:00 Min.	20 g Butter	in Flöckchen belegen. Das Gratin im Backofen (Mitte) in etwa 1 Stunde goldbraun überbacken. Dann herausnehmen und servieren.

TIPPS

- Kartoffelgratin passt hervorragend zu feinen Braten, aber auch zu kurzgebratenem Fleisch. Mit einem bunten Salat wird es zur vegetarischen Hauptspeise.

- Streng genommen ist das Kartoffelgratin kein Gratin, sondern ein Auflauf. Üblicherweise werden bei Gratins bereits gegarte Zutaten nur kurz überbacken.

- Gratins können ungebacken und gut abgedeckt im Kühlschrank bis zu 12 Stunden aufbewahrt und danach gebacken werden.

- Mehr Festigkeit bekommt das Gratin, wenn Sie die Sahne mit 1 TL Speisestärke verquirlen.

Variante

Kartoffel-Pilz-Gratin

Für 4 Portionen

800 g Kartoffeln waschen, schälen und in feine Scheiben hobeln. 100 g durchwachsenen, geräucherten Speck von Schwarte und Knorpeln befreien und fein würfeln. 250 g Champignons putzen und in feine Scheiben schneiden. 1 EL Öl in einer Pfanne bei mittlerer Hitze erwärmen, 1 Zwiebel schälen und fein würfeln. Die Speckwürfel im Öl unter häufigem Rühren kross braten. Die Herdplatte auf volle Leistung schalten. Die Zwiebelwürfel zum Speck geben, kurz umrühren und glasig werden lassen. Die Pilze dazugeben, mit Salz und Pfeffer würzen und bei hoher Temperatur und gelegentlichem Umrühren braten, bis die entstandene Flüssigkeit verdampft ist. Dies dauert etwa 8 Minuten. Weiter wie im Grundrezept, jedoch die Pilze zwischen die Kartoffeln legen.

⊕ 20:00 Min.

TIPPS

- Anstelle von Champignons können Sie auch Egerlinge, Pfifferlinge oder Steinpilze verwenden.
- Steinpilze aus Dosen vor Gebrauch gründlich mit kaltem Wasser durchspülen und abtropfen lassen.
- So wird aus dem Gratin ein schneller Auflauf: Gemüse Ihrer Wahl waschen, putzen und zerkleinern (oder TK-Gemüse nehmen). Parallel Salzwasser in einem großen Topf erhitzen. Das Gemüse darin etwa 5 Minuten blanchieren, abgießen, abtropfen lassen und in eine ofenfeste Form schichten. Sahne mit 1 Ei, gehackten Kräutern sowie Salz und Pfeffer würzen, über das Gemüse gießen. 70 g geriebenen Gruyère darüber streuen, alles vermengen. Die Oberfläche mit 30 g geriebenem Gruyère bestreuen. Den Auflauf im vorgeheizten Backofen bei 180 °C etwa 30 Minuten garen.

Zeitraffer

- TK-Champignons nehmen, das spart satte 5 Minuten.
- Speck vom Metzger bei Stufe 2 auf der Aufschnittmaschine in Scheiben aufschneiden und evtl. auch gleich würfeln lassen oder gleich gewürfelte Ware kaufen (ist meist preiswerter, als durchwachsener Speck am Stück).
- Gut gekühlter Speck lässt sich spürbar leichter schneiden. Deshalb wenn's schnell gehen soll: Speck vor Beginn der Küchenarbeit 30 Minuten ins Tiefkühlfach legen.

FÜR DEN GROSSEN HUNGER

Kartoffeln: groß, heiß und butterweich

Dicke Kartoffeln werden meist klein gemacht. Schade drum. Amerikaner haben für sie bessere Rezepte entwickelt. Die großen, mehlig kochenden sind dort Küchenfavoriten – und das zu Recht.

Baked Chester Potatoes

Für 4 Portionen

00:00 Min.	4 große Kartoffeln à ca. 220 g	Den Backofen auf 200 °C vorheizen. waschen, trockenreiben und auf der Oberseite kreuzförmig tief einschneiden. Die Kartoffeln einzeln dicht in Aluminiumfolie einschlagen. Aus
	4 weiteren Foliestücken	Becher formen, auf das Backblech stellen und die Kartoffeln mit der eingekerbten Seite nach oben hineinstellen. Das Blech in den Ofen (Mitte) schieben, die Kartoffeln darin etwa 1 Stunde garen.
10:00 Min.	150 g Scheiben-Chester (oder Cheddar)	Inzwischen mit einem Messer sehr fein würfeln.
13:00 Min.	150 g Sahnequark Salz, Pfeffer 1 Msp. gemahlenem Ingwer	mit und verrühren. Die Käsewürfel unterheben und alles gut durchmischen.
60:00 Min.		Die Folienkartoffeln an der Oberseite vorsichtig öffnen und durch Drücken mit einem Handtuch die Kartoffeln zum Aufplatzen bringen. Die seitliche Folie nach oben ziehen, die Quark-Käse-Masse einfüllen und das Blech zurück in den Ofen schieben.
70:00 Min.		Die Kartoffeln herausnehmen, anrichten, die Folie oben öffnen und die Kartoffeln mit einem eingesteckten Kaffeelöffel servieren.

TIPP

Wenn die örtlichen Märkte keinen Chester oder Cheddar führen, können Sie auch Gouda oder Raclettekäse verwenden. Die Füllung kann schon bis zu 12 Stunden vorher zubereitet und im Kühlschrank abgedeckt aufbewahrt werden.

Varianten

Baked Potatoes mit Tzatziki

Für 4 Portionen
Die Kartoffeln nach Grundrezept zubereiten. Bei 12:00 Min. ¼ bis ½ Salatgurke waschen und grob raspeln. 2 Knoblauchzehen und 1 Zwiebel schälen und fein hacken. 200 g griechischen Joghurt dazugeben, das Tzatziki mit Salz, Pfeffer und etwas getrocknetem Thymian abschmecken. Bei 50:00 Min. die Kartoffeln mit dem Tzatziki füllen und für weitere 10 Minuten in den Backofen schieben.

⊕ 10:00 Min.

TIPPS
- Tzatziki gibt es fertig im Kühlregal des Supermarktes: Nur noch 3 EL Olivenöl unterrühren und wie selbst gemachtes Tzatziki verwenden.
- Kaltes Olivenöl lässt sich besser unter Milchprodukte rühren als küchenwarmes Öl. Das Tzatziki vor der Zugabe von Öl mit Salz und Pfeffer abschmecken.

Orange-Salmon-Potatoes

Für 4 Portionen
Die Kartoffeln nach Grundrezept zubereiten. Bei 12:00 Min. 1 Orange mit dem Messer schälen, dabei auch die weiße Innenhaut entfernen. Die Fruchtfilets heraustrennen und in kleine Stücke schneiden. 100 g saure Sahne und 50 g Crème fraîche in einer Schüssel mit 1 TL tafelfertigem Meerrettich, 1 TL mittelscharfem Senf und etwas Salz vermischen. 80 g geräucherten Lachs in kleine Würfel schneiden, mit den Orangenstücken und der Sahne-Creme-Mischung verrühren. Die Kartoffeln bei 50:00 Min mit der Lachscreme füllen und für weitere 10 Minuten in den Backofen schieben.

⊕ 10:00 Min.

TIPP
Mit einem kleinen Salat sind die gebackenen Kartoffeln ein feines Hauptgericht.

Gefüllte Paprikaschoten

Gemüse: Powerfood

FÜR DEN GROSSEN HUNGER

Auberginenscheiben in der Parmesankruste

Für 4 Portionen

00:00 Min.	2 kleine Auberginen	waschen und in etwa 1 cm dicke Scheiben schneiden. Die Scheiben von beiden Seiten mit
	Salz, Thymian und Pfeffer	würzen. Die Scheiben möglichst wieder in gleicher Reihenfolge aufeinander setzen und die Auberginen ziehen lassen.
10:00 Min.		Den Backofen auf 80 °C vorheizen. Eine Herdplatte auf mittlere Stufe schalten, eine große Pfanne darauf stellen.
11:00 Min.	3 Eier	in einer Schüssel mit wenig
	Salz und Pfeffer	verquirlen. In einer Schüssel
	250 g geriebenen Parmesan mit 2 EL Semmelbrösel	mischen.
13:00 Min.	4 EL Olivenöl	in die Pfanne geben. Die Auberginenscheiben trockentupfen und einzeln zuerst durch das Ei ziehen, etwas abstreifen, dann beidseitig in der Parmesanmischung panieren und in der Pfanne goldbraun ausbacken. Fertige Scheiben im Backofen warm stellen.
28:00 Min.		Die Auberginenscheiben auf vorgewärmten Tellern anrichten.

TIPP

- Achten Sie darauf, dass das Fett heiß genug ist und braten Sie immer nur wenige Scheiben gleichzeitig, damit sich die Panade nicht mit Fett vollsaugt.
- Reichen Sie zu den gebackenen Auberginenscheiben einen Kräuterjoghurt: Dafür 150 g griechischen Joghurt mit 1 Päckchen TK-Schnittlauchröllchen und 1 durchgepressten Knoblauchzehe verrühren, mit Salz und Pfeffer würzen.

Varianten

Auberginen- oder Zucchinischeiben im Weinteig

Für 4 Portionen
$1/_8$ Liter trockenen Weißwein mit 2 Eiern, 3–4 EL Mehl, Salz, Pfeffer und 1 Prise getrocknetem Thymian zu einem nicht zu dünnen Teig verrühren. Den Backofen auf 80 °C vorheizen. Eine Herdplatte auf mittlere Stufe schalten, eine große Pfanne mit etwas Olivenöl darauf stellen. 2 mittelgroße Auberginen oder Zucchini waschen und in etwa 1 cm dicke Scheiben schneiden. Die Gemüsescheiben einzeln durch den Teig ziehen und im heißen Öl von beiden Seiten goldbraun ausbacken. Fertige Scheiben herausnehmen und im Backofen auf Küchenpapier warm halten.

> **TIPP**
> Als Beilagen eignen sich zu allen Varianten z. B. Tzatziki, Blattsalate, Tomatensauce, Reis oder Kartoffelpüree.

Panierte Tomatenscheiben

Für 4 Portionen
8 schnittfeste Tomaten waschen und in Scheiben schneiden, dabei die Stielansätze entfernen. Die Scheiben mit Salz und Pfeffer würzen. 1 Ei verquirlen. Die Tomatenscheiben zuerst in etwas Mehl, dann in verquirltem Ei und zuletzt in Semmelbröseln wenden. Eine Pfanne mit reichlich Öl erhitzen und die Tomatenscheiben darin bei mittlerer Hitze von beiden Seiten goldbraun braten. Fertige Scheiben herausnehmen und im Backofen auf Küchenpapier warm halten.

Auberginen in der Sesamkruste

Für 4 Portionen
2 Auberginen waschen, in etwa 1 cm dicke Scheiben schneiden. 50 g Sesamsamen mit 50 g geriebenem Parmesan vermengen. Die Auberginenscheiben mit Salz und Pfeffer würzen. Zuerst in Mehl wenden, dann durch verquirltes Ei ziehen, zuletzt in die Panade drücken. Die Scheiben bei mittlerer Hitze goldgelb braten.

FÜR DEN GROSSEN HUNGER

Wirsingrouladen in Käsesahne

Für 4 Portionen

Zeit	Zutaten	Zubereitung
00:00 Min.	1 Wirsingkopf	Reichlich Salzwasser in einem Topf zum Kochen bringen. putzen, den Strunk keilförmig herausschneiden und 16 Blätter ablösen. Die Blätter in dem kochenden Salzwasser kurz blanchieren, Platte auf mittlere Hitze reduzieren. Inzwischen Eiswasser in eine Schüssel geben. Die fertigen Wirsingblätter aus dem heißen Wasser nehmen und in dem Eiswasser abschrecken.
20:00 Min.	2 Zwiebeln 60 g Butter	schälen und fein würfeln. in einer Pfanne bei schwacher Hitze zerlassen, die Zwiebelwürfel darin glasig dünsten. Inzwischen
22:00 Min.	6 Scheiben Toastbrot Salz, Pfeffer wenig Muskatnuss	in kleine Würfel schneiden, mit und würzen.
25:00 Min.	$1/4$ l Milch	zu den Zwiebeln geben und aufkochen lassen. Die heiße Milch über die Brötchenwürfel gießen, alles kräftig durchmischen, dann auskühlen lassen. Den Backofen auf 180 °C vorheizen. Die Wirsingblätter auf Küchenkrepp abtropfen lassen.
30:00 Min.	1 Bund Schnittlauch 1 Ei Salz und Pfeffer	waschen, trocknen, in feine Röllchen schneiden, mit unter die Brötchenmasse mengen. Die Masse mit würzen.
35:00 Min.		Die Wirsingblätter mit der Masse füllen, die Seiten über die Füllung klappen, die Blätter aufrollen, die Enden mit Holzspießchen feststecken. Die Rouladen dicht nebeneinander in eine feuerfeste Form legen.
45:00 Min.	300 g Sahne 1 Msp. Speisestärke und 1 TL Suppenwürze 4 EL Pizzakäse (Fertigprodukt)	mit verrühren, die Rouladen damit übergießen, mit bestreuen und im Backofen etwa 35 Minuten backen.
85:00 Min.		Die fertigen Rouladen aus dem Backofen nehmen und in der Form 5 Minuten abkühlen lassen, dann anrichten.

GEFÜLLT UND GEROLLT: GEMÜSEROULADEN

Varianten

Weißkohlrouladen

Für 4 Portionen

⊖ 10:00 Min.

2 EL Rosinen mit Wasser knapp bedecken und darin einweichen. 1 Weißkohl putzen, Strunk entfernen. Kohl in reichlich kochendem Salzwasser etwa 15 Minuten garen, bis sich die Blätter ablösen lassen. Inzwischen 170 g Bulgur in 340 ml Fleischbrühe bei schwacher Hitze 20 Minuten quellen lassen. 1 rote Paprikaschote waschen, putzen und klein würfeln. 2 EL Pinienkerne goldgelb rösten. Den Weißkohl abschrecken, 16 Blätter ablösen und die dicken Rippen flach abschneiden. 6 Blätter ablösen und fein zerkleinern. Bulgur, Paprika, zerkleinerten Kohl, Petersilie, abgetropfte Rosinen, Pinienkerne, 2 Eier (S) und 50 g Pastakäse (Fertigprodukt) mischen, mit Salz, Pfeffer und Paprika würzen. Die Kohlblätter mit dieser Masse füllen, aufrollen und mit Küchengarn umwickeln. 2 EL Butter erhitzen. Die Rouladen darin rundum anbraten. Inzwischen 1 Dose Pizzatomaten mit Salz, Pfeffer, Zucker und $1/2$ TL getrocknetem Basilikum würzen, mit 2 EL Sahne verrühren, in einen Topf geben. Die Rouladen in dieser Sauce zugedeckt bei schwacher Hitze etwa 30 Minuten garen.

Mangoldrouladen

Für 4 Portionen

⊖ 10:00 Min.

Reichlich Salzwasser zum Kochen bringen. Von 1 Staude Stielmangold die Blätter ablösen, waschen, putzen und abtropfen lassen. $1/4$ l Milch erhitzen. 1 Brötchen vom Vortag in kleine Würfel schneiden, mit der heißen Milch übergießen. 1 Zwiebel schälen und fein hacken. 1 EL Öl erhitzen, die Zwiebel darin glasig dünsten, 1 EL TK-Petersilie unterrühren. Die Mangoldblätter in dem kochenden Wasser kurz blanchieren, herausheben und eiskalt abschrecken. Den Backofen auf 180 °C vorheizen. Das Brät von 4 Kalbsbratwürsten aus der Haut drücken, mit dem eingeweichten Brot, 1 Ei sowie der Zwiebel-Petersilien-Mischung vermengen, mit Salz und Pfeffer würzen. Die Mangoldblätter mit dieser Farce füllen und aufrollen. Wie im Rezept links beschrieben in eine Form legen, mit Sahne übergießen, mit Käse bestreuen und im Backofen etwa 30 Minuten garen.

BEILAGENTIPP

Zu den Rouladen passen Kartoffelpüree, Salzkartoffeln und Reis. Die Mangoldrouladen und die Wirsingrouladen können Sie ebenfalls mit einer Tomatensauce zubereiten.

FÜR DEN GROSSEN HUNGER

Möhren-Lauch-Quiche

Für 4 Portionen

00:00 Min.	Butter 300 g TK-Blätterteig	Den Backofen auf 180 °C vorheizen. Eine rechteckige Form mit ausstreichen. auftauen lassen (die Platten nebeneinander legen).
05:00 Min.	1 Stange Lauch 3 Möhren	putzen, längs aufschneiden und unter fließendem Wasser gründlich abbrausen. Den Lauch in feine Ringe schneiden. schälen und grob raspeln.
15:00 Min.	1 Zwiebel 1 Knoblauchzehe	und schälen und fein hacken.
20:00 Min.	2 EL Butter	in einer Pfanne zerlassen. Zwiebel und Knoblauch darin glasig dünsten.
25:00 Min.	150 g Gruyère Salz und Pfeffer	reiben. 100 g mit dem Gemüse und den gedünsteten Zwiebelwürfeln mischen, mit würzen.
30:00 Min.		Den Blätterteig in die Form geben, die Ränder etwas festdrücken. Das Gemüse auf dem Blätterteig verteilen.
35:00 Min.	200 g Sahne 2 Eiern Salz, Pfeffer Muskatnuss	mit verquirlen, mit und würzen. Die Mischung über das Gemüse gießen, den restlichen Käse darüber streuen. Die Quiche im Backofen (Mitte) etwa 40 Minuten backen.

TIPPS

- Erfrischend schmeckt dazu eine Sauce aus Joghurt, fein gehackten Kräutern und 1 zerdrückten Knoblauchzehe. Die Sauce mit Salz, Pfeffer und Zitronensaft würzen, eventuell mit etwas Milch glatt rühren.

- Auch mit anderen Gemüsesorten können Sie diese Quiche backen. Hartes Gemüse wie Möhren oder auch Kartoffeln in kochendem Wasser vorgaren.

Varianten

Bunter Gemüseauflauf

Für 4 Portionen
2 Zucchini und 2 rote Paprikaschoten waschen, putzen und in Würfel schneiden. 4 große fest kochende Kartoffeln waschen, schälen und klein würfeln. 1 Bund Frühlingszwiebeln waschen, putzen und in feine Ringe schneiden. 1 Knoblauchzehe schälen und sehr fein hacken. 250 g Schafskäse zerkrümeln, mit dem Gemüse in einer gefetteten Auflaufform mischen. 300 g Sahne und 3 Eier verrühren, mit wenig Salz (der Käse ist salzig) und Pfeffer würzen. Den Ofen auf 180 °C vorheizen. 2 EL Semmelbrösel mit 2 EL geriebenem Parmesan und 2 EL Sesamsamen vermischen, den Auflauf damit bestreuen, mit Butterflöckchen besetzen und im Backofen etwa 1 Stunde backen.

Vorbereiten 30:00 Min.

Backen 60:00 Min.

Brokkolisoufflé

Für 4 Portionen
800 g TK-Brokkoliröschen mit wenig Salzwasser in einen Topf geben und darin in etwa 20 Minuten bei mittlerer Hitze sehr weich garen. Inzwischen 2 Knoblauchzehen und 1 Zwiebel schälen und fein hacken. $3/8$ l Milch mit 1 EL Speisestärke verquirlen. Mit der Butter zum Kochen bringen. Den Brokkoli abgießen und zerdrücken, die heiße Milch unterrühren, mit Salz und Pfeffer würzen, beiseite stellen und abkühlen lassen. Den Backofen auf 180 °C vorheizen. 100 g Ricotta mit 4 Eigelb und 80 g geriebenem Parmesan verrühren, unter die Brokkolimasse rühren. 4 Eiweiß steif schlagen, mit $1/2$ TL Backpulver unter die Brokkolimasse heben. Eine hohe Form mit Butter ausstreichen und die Brokkolimasse etwa dreiviertelhoch hineinfüllen. Das Soufflé im Backofen etwa 35 Minuten garen, dabei die Backofentür nicht öffnen.

Vorbereiten 40:00 Min.

Backen 35:00 Min.

TIPP
Dieses Soufflé schmeckt auch mit anderen Gemüsesorten. Dafür die Gemüse immer zuerst dünsten und zerdrücken, dann weiter verfahren wie im Rezept oben beschrieben.

FÜR DEN GROSSEN HUNGER

Gefüllte Paprikaschoten

Für 4 Portionen

00:00 Min.	2 Scheiben Toastbrot 100 ml Milch	klein würfeln, mit mischen und zugedeckt ziehen lassen.
03:00 Min.	300 g Champignons 3 Frühlingszwiebeln 1 Bund Petersilie 125 g Gruyère	putzen und klein würfeln. putzen, waschen und fein zerkleinern. waschen, trockentupfen und fein hacken. fein reiben.
20:00 Min.	3 EL Öl	erhitzen. Frühlingszwiebeln und Pilze darin bei mittlerer Hitze 3 Minuten dünsten. Abkühlen lassen.
25:00 Min.	4 Paprikaschoten Salz und Pfeffer	waschen, trocknen und einen Deckel abschneiden. Kerne und Trennwände herausschneiden. Die Schoten innen mit würzen.
30:00 Min.	1 EL Tomatenmark	Das eingeweichte Brot mit einer Gabel zerdrücken. darunter mischen. Pilze, Frühlingszwiebeln, Kräuter und $^2/_3$ vom Käse untermengen. Die Paprikaschoten damit füllen und nebeneinander in einen Topf setzen. Restlichen Käse auf die Füllung streuen, die abgeschnittenen Deckel auflegen.
35:00 Min.	100 g Sahne 1 EL Tomatenmark 100 ml Gemüsebrühe	mit und mischen. Die Schoten mit dieser Sauce begießen und einmal aufkochen lassen.
40:00 Min.		Die Schoten zugedeckt bei schwacher Hitze 30–40 Minuten garen.

TIPPS

- Sie können die Paprikaschoten auch im Backofen bei 180 °C etwa 40 Minuten zugedeckt garen.
- Die Füllung wird lockerer, wenn Sie zusätzlich 1 Ei unterrühren. Variieren Sie die Gemüsesorten: Versuchen Sie die Füllung auch in Kohlrabi, Zwiebeln oder Zucchini- und Auberginenhälften.

Varianten

Gefüllte Kohlrabi

Für 4 Portionen

⊕ 10:00 Min.

4 große Kohlrabi waschen, schälen, einen Deckel abschneiden. Ohne Deckel in kochendem Salzwasser 30 Minuten garen. Die zarten Blättchen fein hacken. Solange die Kohlrabi garen, 1 Zwiebel schälen, fein hacken. Deckel der Kohlrabi klein würfeln. 2 EL Öl erhitzen. Zwiebel und Kohlrabi darin andünsten. 2 Knoblauchzehen schälen, dazupressen, mitdünsten. 1 Bund glatte Petersilie waschen, fein hacken. 200 g gekochten Schinken ohne Fettrand in kleine Würfel schneiden. Zwiebelmischung, Schinken, Hälfte der Petersilie, Kohlrabiblätter, 1 Ei, 2 EL Sahne und 2 EL Semmelbrösel mischen, mit Salz, Pfeffer und Cayennepfeffer kräftig würzen. Kohlrabi abschütten, abschrecken und abtropfen lassen. Den Backofen auf 200° C vorheizen. Die Kohlrabi aushöhlen und füllen. Das Kohlrabifleisch pürieren. Eine Form einfetten. Kohlrabi hineinsetzen, mit 4 EL geriebenem Gouda bestreuen. 100 g Sahne, restliche Petersilie und Kohlrabipüree mischen, mit Salz, Pfeffer und Muskat würzen. Kohlrabi damit umgießen und im Backofen 30 Minuten garen.

Gefüllte Gemüsezwiebeln

Für 4 Portionen

⊕ 20:00 Min.

4 große Gemüsezwiebeln schälen, in kochendem Salzwasser 20–30 Minuten garen. Inzwischen 1 Vollkornbrötchen in Würfel schneiden und mit 150 ml lauwarmem Wasser begießen. 10 g getrocknete Steinpilze waschen, mit warmem Wasser begießen und quellen lassen. Zwiebeln abtropfen, etwas abkühlen lassen. Einen Deckel abschneiden, die Zwiebeln bis auf 2 Schichten aushöhlen. Das Ausgehöhlte klein schneiden. 1 Bund Petersilie waschen und fein hacken. 1 Tomate waschen und würfeln. Das Brötchen ausdrücken. Die Pilze abtropfen lassen und fein hacken. Den Backofen auf 200° C vorheizen. 500 g Hackfleisch mit Petersilie, Brötchen, Tomate, Pilzen, 1 Ei und etwa $1/3$ der gehackten Zwiebeln mischen und mit Salz, Pfeffer und Paprikapulver pikant abschmecken. Die Masse in die Zwiebeln füllen. Die Zwiebeln in eine feuerfeste Form setzen. Das Pilz-Einweichwasser durch eine Filtertüte gießen, mit 100 g Sahne und 200 ml Gemüsefond mischen und in die Form gießen. Die Zwiebeln im Backofen etwa 25 Minuten backen.

Vegetarisch wird's mit Bulgur statt Hackfleisch. Dann das Brötchen weglassen und zusätzlich zum Ei noch 75 g geriebenen Käse unter die Füllung mischen. Als Beilage passt Kartoffelpüree.

FÜR DEN GROSSEN HUNGER

Spinatbratlinge mit Austernpilzen

Für 4 Portionen

am Vorabend	300 g TK-Blattspinat	am Vorabend zum Auftauen in den Kühlschrank legen.
00:00 Min.	2 EL Butter 1 Zwiebel 1 Knoblauchzehe 4 Scheiben Toastbrot 150 ml lauwarmer Milch	in einer Pfanne bei mittlerer Hitze zerlassen. Inzwischen und schälen und fein hacken. Beides in der Butter glasig dünsten. Den Spinat hinzufügen und mitdünsten lassen. Inzwischen in Würfel schneiden, mit begießen, quellen lassen.
15:00 Min.	Salz, Pfeffer Muskatnuss würzen	Den Spinat mit und und beiseite stellen.
17:00 Min.	300 g Austernpilze 50 g durchwachsenen Speck 1 Zwiebel	putzen und in feine Streifen schneiden. sehr fein würfeln. schälen und fein würfeln.
30:00 Min.	2 EL Öl Salz und Pfeffer	in einer Pfanne erhitzen, Speck und Zwiebel darin glasig braten, die Austernpilze hinzufügen und mitbraten, bis die Flüssigkeit verdampft ist, mit würzen.
35:00 Min.	 1 Ei 1 EL Semmelbrösel	Während die Pilze garen, den Spinat ausdrücken, hacken, mit eingeweichtem Brot, sowie vermischen.
45:00 Min.	2 EL Öl	Aus der Spinatmasse 8 kleine Küchlein formen. in einer Pfanne erhitzen. Die Bratlinge darin von beiden Seiten goldbraun braten.
55:00 Min.	200 g Sahne 1 Bund Schnittlauch	unter die Pilze rühren und aufkochen lassen. waschen und in feine Röllchen schneiden. Die Bratlinge mit den Austernpilzen auf vorgewärmten Tellern anrichten, mit dem Schnittlauch bestreuen und servieren.

Varianten

Ricotta-Tomaten-Küchlein

Für 4–6 Portionen

4 Tomaten mit kochendem Wasser überbrühen, häuten und klein würfeln. 500 g Ricotta mit 3 Eiern, 140 g Grieß, 100 g Haferflocken, 1 EL TK-Petersilie, 50 g geriebenem Parmesan und den Tomatenwürfeln verrühren. Die Masse kräftig mit Salz und Pfeffer würzen. Den Teig zugedeckt etwa 30 Minuten quellen lassen. Für den Dip 150 g Joghurt mit 150 g Sauerrahm, 3 EL TK-Schnittlauch, Salz und Pfeffer verrühren und kalt stellen. In einer beschichteten Pfanne Butterschmalz zerlassen. Jeweils 1 EL von dem Teig abnehmen und in der Pfanne zu einem etwa Handteller großen Küchlein formen. Die Küchlein bei mittlerer Hitze in 6–8 Minuten auf beiden Seiten goldbraun braten. Fertige Küchlein herausnehmen und im Backofen bei 80 °C warm stellen. So weiterverfahren, bis der gesamte Teig verbraucht ist. Die Küchlein mit dem Dip servieren.
Dazu passt ein bunter gemischter Salat.

Möhrenküchlein

Für 4 Personen

2 Brötchen vom Vortag in kleine Würfel schneiden. Mit 150 ml lauwarmem Wasser begießen und beiseite stellen. 500 g Möhren schälen und grob raspeln. 2 cm Ingwer schälen und fein reiben. 100 g Mandelblättchen in einer trockenen Pfanne goldgelb rösten. Alles in eine Schüssel geben. 1 Zwiebel schälen, fein hacken und in 1 EL Öl glasig dünsten. Mit 4 Eiern zu den Möhren geben. Die Brötchen ausdrücken und ebenfalls dazugeben. Den Teig vermengen, mit Salz und Pfeffer kräftig würzen. Sollte der Teig zu weich sein, noch etwas Semmelbrösel untermengen. Butterschmalz in einer Pfanne zerlassen. Aus dem Teig knapp Handteller große Plätzchen formen. Diese in dem heißen Butterschmalz von beiden Seiten goldbraun braten. Inzwischen 250 g saure Sahne mit 2 EL TK-Schnittlauch, Salz und 1 TL Curry verrühren und kalt stellen. Fertige Küchlein im Backofen warm halten. Mit der Sauerrahmcreme servieren.

Rumpsteak mit Mixed Pickles

Fleisch in Variationen

FÜR DEN GROSSEN HUNGER

Braten: das Familienstück

Sonntagsbraten: Das hat in vielen Familien Tradition. Damit es nicht nur gut, sondern immer wieder anders schmeckt, haben wir auch Rezepte für Geflügel in dieses Kapitel gepackt.

Schweinebraten in Dunkelbiersauce

Für 4–5 Portionen

00:00 Min.		Den Backofen auf 180 °C vorheizen.
00:30 Min.	1 Tasse kaltes Wasser	in einen Bräter geben.
01:00 Min.	2 zerdrückte Knoblauchzehen, 1 TL Salz, 1 TL Kümmel und $1/2$ TL schwarzen Pfeffer	vermengen.
	1 kg ausgelösten Schweinenacken (die Knochen mitnehmen)	mit dieser Gewürzmischung einreiben.
06:00 Min.	Die ausgelösten Knochen	in den Bräter legen, Braten darauf legen und in den Ofen schieben.
07:00 Min.	2 Zwiebeln	schälen, je nach Größe vierteln oder achteln.
	$1/8$ Knollensellerie	waschen und samt Schale grob zerteilen.
	1–2 Möhren	waschen und in Stücke schneiden, mit Zwiebeln und Sellerie zu den Knochen geben, den Braten darauf setzen.
12:00 bis 50:00 Min.	1 Schuss Dunkelbier	Den Braten immer wieder mit (kein Malzbier!) übergießen.
60:00 Min.		Temperatur auf 220 °C erhöhen. Den fertigen Braten herausnehmen und in Alufolie wickeln.
	$1/2$ l Fleischbrühe	erhitzen. Gemüse und Knochen im Ofen braun rösten. Brühe und restliches Bier zum Gemüse geben.
70:00 Min.	1 TL Speisestärke	mit etwas kaltem Wasser verrühren. Die Sauce passieren und mit der Speisestärke aufkochen lassen, mit
80:00 Min.	Salz und Pfeffer	abschmecken. Den Braten aus der Folie nehmen, aufschneiden, mit Sauce überziehen und servieren.

SCHWEINEBRATEN

Varianten

Schweinerücken mit Gemüse und mediterranen Kräutern

⊕ 00:00 Min.

Für 4–5 Portionen
3 Knoblauchzehen fein zerkleinern und mit 3 TL schwarzem, geschrotetem Pfeffer sowie 2 TL getrocknetem Thymian gut vermischen. 1 kg ausgelösten Schweinerücken (die Knochen vom Metzger mitgeben lassen) mit der Gewürzmischung von allen Seiten gut einreiben. Die Knochen in eine längliche, feuerfeste Form geben. 1 kleinen Zweig frischen Rosmarin sowie 6 mittelgroße, frische Salbeiblätter waschen, trocknen und auf die Knochen legen. Die Kräuter mit 4 EL Olivenöl begießen. Den Schweinerücken darauf legen, ebenfalls mit 4 EL Olivenöl beträufeln. Abgedeckt 12 Stunden kalt stellen.
Eine Herdplatte auf mittlere Stufe stellen. Bratenstück und Knochen aus der Form nehmen, Gewürze mit einem Messerrücken in die Form streifen. Den Braten salzen. Das Öl aus der Form durch ein Haarsieb gießen, die Gewürze im Sieb beiseite stellen. Das Öl in der Form erhitzen. Braten und Knochen darin 20 Minuten anbraten, dabei alle 5 Minuten wenden. Den Backofen auf 180 °C vorheizen. Inzwischen 2 kleine Fenchelknollen putzen, waschen und quer in dünne Scheiben schneiden. 3 Zwiebeln schälen und vierteln oder achteln. Fenchel und Zwiebeln mit den Gewürzen aus dem Sieb mischen. 4–5 Tomaten waschen und vierteln. Herdplatte abschalten, Fenchel mit Zwiebeln und Gewürzen zum Braten geben und unterheben. Den Braten vom Herd nehmen, abdecken und im Backofen (unten) etwa 40 Minuten schmoren. Ab und zu umrühren. Die Tomaten dazugeben und $1/8$ Liter trockenen Weißwein angießen. Den Braten abgedeckt noch etwa 15 Minuten schmoren lassen. Die Form aus dem Ofen nehmen. Den Backofen abschalten und 4 Teller zum Vorwärmen hineingeben. Das Fleisch auf ein Tranchierbrett und die Knochen in den Deckel der Form legen. Das Gemüse mit Salz und Pfeffer würzen. Den Braten in Scheiben schneiden. Die Teller aus dem Backofen nehmen, Gemüse und je 2 Scheiben Fleisch darauf anrichten und servieren.

SO GELINGT BRATEN

- Fettes Fleisch – wie Schweinenacken, oder Gänsebraten – schwitzt etwa $1/3$ seines Fettes im Backofen aus und muss deshalb nicht angebraten werden.
- Knochen und Gemüse stets im Backofen mitrösten, das gibt der Sauce Farbe und Geschmack.
- Wenn Sie kein Dunkelbier bekommen, können Sie auch dunkles Bockbier verwenden.
- Statt mit Speisestärke können Sie die Sauce auch mit einem dunklen Saucenbinder andicken. Diesen unter starkem Rühren mit einem Schneebesen portionsweise dazugeben. Die Sauce dazwischen immer wieder aufkochen lassen, um die Konsistenz zu prüfen.

FÜR DEN GROSSEN HUNGER

Glasierter Schweinebraten mit Orangen

⊕ 00:00 Min.

Für 6 Portionen
1 1/2 kg Schweinekotelett am Stück vom Metzger auslösen und die Knochen hacken lassen. Den Backofen auf 180 °C vorheizen. Die Fettpfanne auf der untersten Schiene einschieben, darüber einen Rost setzen. Die Knochen in die Fettpfanne geben. Das Fleisch auf der Oberseite mit einem scharfen Messer kreuzweise etwa 1 cm tief einritzen, mit etwa 4 EL Erdnussöl bepinseln, mit Salz und frisch gemahlenem Pfeffer würzen, auf den Rost legen. Für die Glasur 4 EL Orangenmarmelade, 4 EL mittelscharfen Senf, 2 EL braunen Zucker und 1 TL frisch geriebenen Ingwer in einer kleinen Schüssel mischen. Den Braten damit einstreichen. Diesen Vorgang etwa alle 10 Minuten wiederholen. Den Braten insgesamt etwa 50 Minuten grillen.
Während der Braten gart, 2 fein gehackte Knoblauchzehen, 1 TL Thymian, 1/2 TL zerriebene, getrocknete Salbeiblätter, 3 grob gewürfelte Zwiebeln sowie 2 in dünne Scheiben geschnittene Möhren in einer Schüssel mischen. Das Gemüse und 2 EL Erdnussöl zu den Knochen in die Fettpfanne geben, kräftig durchrühren. Beim Bestreichen des Bratens immer auch Knochen und Gemüse in der Wanne umrühren.
Von 1/2 Liter Orangensaft 6 EL abnehmen, diese mit 1/2 TL Speisestärke verrühren. Restlichen Saft zu den Knochen in die Fettpfanne gießen. Nach etwa 60 Minuten (Garprobe machen) Herdplatte auf mittlere Stufe schalten. Fleisch und Fettpfanne aus dem Backofen nehmen. Backofen ausschalten. Das Fleisch auf ein Tranchierbrett legen, mit Alufolie abdecken und 10 Minuten ruhen lassen. Die Sauce aus der Fettpfanne in einen Topf gießen, auf dem Herd kurz aufkochen lassen, mit der angerührten Speisestärke binden und weiter köcheln lassen. 2 große unbehandelte Orangen waschen, trocknen und in 12 Scheiben schneiden. Teller zum Vorwärmen in den Backofen stellen. Die Sauce mit Salz und Pfeffer würzen, durch ein feines Sieb in einen anderen Topf passieren und aufkochen lassen. Das Fleisch in Scheiben schneiden und abwechselnd mit Orangenscheiben auf einer Platte anrichten. Dazu passen Baked Potatoes (Rezepte Seiten 106 und 107).

PROFITIPP
Beim Umfüllen von kochenden Flüssigkeiten (Suppen, Saucen) den aufnehmenden Topf am besten ins Spülbecken stellen. Das schützt vor Verletzungen (Verbrühen) und Verschüttetes kann problemlos entfernt werden.

Garzeiten

Garzeiten richten sich nach der Fleischart, der -qualität und der -menge. Die folgende Tabelle geht von fachgerecht abgehangenem Fleisch aus, so wie es beim Metzger verkauft wird. Geflügel braucht nicht abhängen, es wird immer schlachtfrisch verarbeitet.

Fleischart	Gewicht in Gramm	Gartemperatur	Garzeit Minuten	Anmerkung
Schweinenacken	1000	180 °C	45–60	ohne Knochen
Schweinenacken	1500	180 °C	75–80	ohne Knochen
Schweinenacken	2500	180 °C	120–150	ohne Knochen
Schweinerücken	1000	170 °C	40	ohne Knochen
Schweinerücken	1500	170 °C	60	ohne Knochen
Schweinerücken	2500	170 °C	90	ohne Knochen
Brathuhn	1200	200 °C	55	ohne Füllung, trocken
Hühnerkeulen	je 240	200 °C	30	zusammen auf dem Blech oder in der Pfanne
zerlegtes Huhn	1200	180 °C	45	in 6 Teilen

PROFITIPPS

- Generell ist etwas Feuchtigkeit im Backofen von Vorteil – sie hält den Saft im Fleisch. Soll die Haut allerdings – wie beispielsweise bei Geflügel – knusprig sein, muss die Backofentür hin und wieder einen Spalt breit geöffnet werden, damit der Dampf abziehen kann.

- Röstgemüse (Möhre, Zwiebel, Sellerie) geben Feuchtigkeit ab. Das senkt die Temperatur im Backofen ab und verlängert die Garzeit. Dasselbe gilt für das Angießen von Brühe, Wein oder anderen Flüssigkeiten.

- Ganze Bratenstücke (z. B. Rollbraten, aber nicht Geflügel!) nach $5/6$ der Garzeit aus dem Ofen nehmen, in Alufolie einschlagen und ruhen lassen. Die Bratnetze für Rollbraten bleiben dabei flexibel und lassen sich leicht lösen.

FÜR DEN GROSSEN HUNGER

Hähnchen & Hühnchen

Hähnchen in Madeirasauce

Für 4 Portionen

00:00 Min.		Backofen auf 200 °C vorheizen, Fettpfanne auf der untersten Schiene hineinschieben, darüber den Rost.
	1 Brathähnchen von 1200 g	innen und außen kalt waschen und trocknen. Innereien waschen.
09:00 Min.	Salz, Pfeffer und Paprikapulver	mischen und das Huhn innen und außen damit einreiben.
	1 Bund Petersilie	waschen und trockenschütteln, zusammen mit
	30 g Butter	in das Huhn geben, die Öffnung verschließen.
13:00 Min.		Das Huhn auf den Rost im Backofen setzen.
15:00 Min.	60 g Butter	in einen Topf geben, schmelzen, mit
	1/2 TL Paprikapulver	verrühren und mit
	6 cl Madeira	ablöschen. Die Sauce aufkochen und auf der abgeschalteten Herdplatte stehen lassen.
17:00 Min.	1 Bund Suppengrün	waschen, putzen und klein schneiden.
	1 Zwiebel	schälen und grob würfeln. Die Innereien klein schneiden, mit Suppengrün und Zwiebel in die Fettpfanne geben. Das Huhn immer wieder mit Paprika-Madeira-Butter und Bratenfond bestreichen.
55:00 Min.	1/2 l Geflügelbrühe	erhitzen. Die Zutaten in der Fettpfanne mit
	1/2 EL Mehl	bestäuben, verrühren und rösten lassen. Mit
	1/8 l Madeira	ablöschen. Die Brühe angießen, die Sauce glatt rühren.
57:00 Min.		Backofen abschalten. Teller zum Vorwärmen hineinstellen. Den Inhalt der Fettpfanne in ein Sieb geben, den Fond auffangen, zur Brühe geben und aufwallen lassen, die Temperatur reduzieren. Das Huhn auf ein Brett legen und mit Alufolie abdecken.
67:00 Min.		Die Sauce mit
	Salz, Pfeffer und etwas Weinbrand	abschmecken. Das Huhn in vier Stücke teilen, mit etwas Sauce überziehen. Die restliche Sauce getrennt dazu reichen.

Varianten

Paprikahuhn

Für 4 Portionen
1 Brathuhn (ca. 1200 g) in 8 Stücke teilen, mit Salz, Pfeffer und scharfem Paprikapulver würzen. 3 Zwiebeln schälen, grob würfeln. 2 Knoblauchzehen schälen, fein hacken. In einem Bräter 3 EL Sonnenblumenöl erhitzen. Zwiebeln und Knoblauch darin glasig werden lassen. Geflügelteile zugeben und zugedeckt 10 Minuten mitbraten lassen, umrühren. Backofen auf 180 °C vorheizen. Das Huhn mit 1 Glas trockenem Rotwein ablöschen, im Backofen (Mitte) 20 Minuten schmoren lassen. 2 Tomaten waschen und achteln, 2 grüne Paprikaschoten waschen, putzen und in 2 cm große Würfel schneiden, zum Huhn geben und 15 Minuten mitschmoren lassen. 400 g geschälte Tomaten (Dose) unterheben, 10 Minuten mitgaren. Den Bräter herausnehmen, auf eine Herdplatte (mittlere Stufe) stellen. Die Hühnerteile in den Deckel legen, diesen und 4 Teller in den ausgeschalteten Backofen stellen. 400 g saure Sahne mit 1 TL Mehl verquirlen, langsam in die Sauce rühren, nach 5 Minuten mit Salz, Pfeffer, und eventuell Zucker abschmecken. Die Hühnerteile in die Sauce geben und darin 5 Minuten ruhen lassen, dann anrichten.

⊕ 30:00 Min.

Geschmortes Huhn mit Pilzen in Apfelwein

Für 4 Portionen
Backofen auf 200 °C vorheizen. 1 Brathuhn (ca. 1200 g) in acht Stücke teilen, mit Salz, Pfeffer und Rosmarin würzen. In einem Bräter 40 g Butter und 3 EL Olivenöl erhitzen. Die Hühnerteile darin rundum anbraten, dann im Backofen zugedeckt 20 Minuten garen. 250 g Champignons putzen, mit Küchenpapier trocknen und in Scheiben schneiden. Etwas Fett in einer Pfanne erhitzen, die Pilze darin bei starker Hitze braten, bis die dabei entstehende Flüssigkeit verdampft ist.
2 saure Äpfel schälen, vierteln, die Kerngehäuse entfernen. Apfelviertel in Scheiben schneiden und in einer Schüssel mit $1/8$ l herbem Cidre marinieren. Herdplatte ausschalten. Pilze, Äpfel und Marinade mischen, abgedeckt ziehen lassen.
200 ml Cidre zum Huhn geben, Temperatur auf 180 °C reduzieren. Das Huhn offen 20 Minuten braten, dabei mehrmals wenden.
Pfanneninhalt zum Geflügel geben, dieses noch 10 Minuten im ausgeschalteten Backofen stehen lassen. Den Bräter herausnehmen, auf eine Herdplatte (mittlere Stufe) stellen. 4 Teller in den Backofen stellen. Sauce mit Salz und Pfeffer würzen, etwa 5 Minuten köcheln lassen, dann mit Calvados abschmecken und anrichten.

⊕ 30:00 Min.

FÜR DEN GROSSEN HUNGER

Hähnchenkeulen in Rieslingrahm mit Möhren

Für 4 Portionen

00:00 Min.	700 ml trockenen Riesling 4 Hähnchenkeulen	bis kurz vor dem Siedepunkt erhitzen. in den Wein einlegen und zugedeckt garen.
08:00 Min.	1 Zwiebel 1 Lorbeerblatt, 1/2 TL Salz, 1/2 TL getrocknetem Rosmarin und 1 Prise Zucker	schälen, halbieren und mit zu den Hähnchenkeulen geben.
10:00 Min.	50 g Kräuterbutter 500 g Möhren 1 Zwiebel	bei schwacher Hitze zerlassen. schälen. schälen und fein würfeln und in der Kräuterbutter glasig dünsten.
20:00 Min.	 1 Bund Suppengrün	Hitze für die Hähnchenkeulen auf mittlere Stufe reduzieren. putzen, waschen und klein schneiden.
27:00 Min.	 Salz und Pfeffer 200 ml Mineralwasser	Die Möhren mit einem Gurkenhobel in den Topf zu den Zwiebeln hobeln und die Temperatur wieder erhöhen. Mit würzen, umrühren, angießen und abgedeckt garen. Backofen auf 80 °C vorheizen.
30:00 Min.	100 g Sahne 1 Msp. Speisestärke	mit verrühren und zur Seite stellen. Das klein geschnittene Suppen- grün zu den Hähnchenkeulen geben.
35:00 Min.	 etwas kalter Butter	Die Hähnchenkeulen in einem Bräter abgedeckt in den Backofen stellen. Restlichen Sud bei höchster Stufe auf die Hälfte reduzieren. Dann mit unter Rühren sämig binden.
46:00 Min.	1/2 Tasse Sahne Salz, trockenem Sherry Worcestersauce	halbfest schlagen, in die heiße Sauce einfließen lassen. Mit etwas und abschmecken.
50:00 Min.		Die Hähnchenkeulen mit den Möhren auf vorgewärmten Tellern anrichten, mit etwas Sauce überziehen. Übrige Sauce getrennt dazu reichen.

Varianten

Hähnchenkeulen mit Steinpilzen

Für 4 Portionen

60 g Butter mit 1 EL Mehl und 1 Msp. Salz verkneten und kalt stellen. Die Hähnchenkeulen im Riesling mit Suppengrün garen (Rezept links). 250 g frische Steinpilze verlesen und gründlich putzen. Den Backofen auf 80 °C vorheizen. Eine Herdplatte auf höchste Stufe schalten, einen flachen Topf darauf stellen. Die Pilze in dünne Scheiben schneiden. $1/3$ der Garflüssigkeit von den Keulen samt Gemüse und Gewürzen in den Topf geben und bei starker Hitze einkochen lassen. Eine beschichtete Pfanne mit 1 EL Öl bei mittlerer Hitze erwärmen. 1 Bund Schnittlauch waschen, in feine Röllchen schneiden. Die Pilze in die heiße Pfanne geben, mit Salz und Pfeffer würzen und abdecken. Die Hähnchenkeulen aus dem Sud nehmen und im Backofen abgedeckt warm stellen. Die Herdplatte abschalten. Die Pilze wenden, die Hitze reduzieren. Den stark kochenden Hühnerfond unter ständigem Rühren mit der Mehl-Butter binden. Ist eine sämige Sauce entstanden, diese direkt durch ein feines Sieb in die Steinpilze passieren. Den Schnittlauch unterrühren, mit Salz, etwas Suppenwürze und trockenem Sherry würzen. Die Hähnchenkeulen in der Sauce 5 Minuten ziehen lassen, dann servieren.

⊕10:00 Min.

Huhn mit Brokkoli und Schinken

Für 4 Portionen

$1/2$ l Wasser aufkochen lassen. Topf oder Wok auf mittlerer Stufe mit 3 EL Sesamöl erhitzen. Backofen auf 120° C vorheizen. 3–4 Frühlingszwiebeln mit Grün putzen, waschen und in etwa 1 cm dicke Ringe schneiden. 4 Hähnchenbrüste ohne Knochen leicht salzen und in etwas Butter von allen Seiten kurz anbraten. 1 Asia-Brühwürfel (Tom Yam) im kochenden Wasser auflösen, auf mittlere Stufe reduzieren. 2 cm frische Ingwerwurzel schälen, in dünne Scheiben schneiden. 1 Zwiebel würfeln, mit Ingwer, 300 g TK-Brokkoli zum Huhn geben und abgedeckt köcheln lassen. Die Tom-Yam-Brühe löffelweise dazu geben.
4 dicke Scheiben gekochten Schinken in 4 x 2 cm große Stücke schneiden. $1/2$ TL Speisestärke mit 2 EL kaltem Wasser verrühren. Hähnchenbrüste aus dem Sud nehmen und warm stellen. Brühe und Gemüse mit der Stärke binden und unter Rühren kurz aufwallen lassen. Hähnchenbrüste in schräge Scheiben schneiden und abwechselnd mit den Schinkenstücken auf einer feuerfesten Platte anordnen und mit etwas Brühe übergießen. Das Gemüse um das Fleisch anordnen.

⊖05:00 Min.

FÜR DEN GROSSEN HUNGER

Die Kunst kurz zu braten

Ein Steak braten, das kann doch jeder, von wegen! Gerade bei Steaks kommt es auf exaktes Arbeiten und ein paar Kniffe an.

Rumpsteak

Für 4 Portionen

00:00 Min.		Eine große Pfanne stark erhitzen.
03:00 Min.	2 EL Öl	in die Pfanne geben.
04:00 Min.	4 Rinderlendensteaks à 190 g	mit Salz und Pfeffer würzen und in das heiße Öl legen, Herdplatte auf mittlere Stufe zurückschalten. Steaks auf einer Seite 2:30 Minuten braten.
06:30 Min.		Die Steaks wenden und weitere 2 Minuten braten.
08:30 Min.		Die Steaks sind jetzt innen noch rosa, aber nicht blutig. Die Steaks kurz ruhen lassen und dann auf vorgewärmten Tellern servieren.

BEILAGENTIPP

Dazu passen Baked Chester Potatoes (Rezept Seite 106) und ein bunter Salat (Rezepte Seite 60 ff). Für die Kartoffeln etwa 60 Minuten vor dem Braten der Steaks mit der Zubereitung beginnen und den Salat vorbereiten.

Varianten

Rumpsteak mit Mixed Pickles

Für 4 Portionen

Den Backofen auf 80 °C vorheizen. 4 Rumpsteaks nach Grundrezept zubereiten. Parallel 1 kleines Glas Mixed Pickles grob hacken. Mixed Pickles mit 2 EL Kapern in der Pfanne bei starker Hitze anschwitzen. 400 g Pizzatomaten und 8 cl Portwein dazugeben, einkochen lassen. Die fertigen Steaks und Teller im Backofen warm halten. Die Sauce mit $1/2$ TL Meerrettich, etwas Zucker, Salz und Pfeffer abschmecken. Die Steaks mit Mixed-Pickles-Mischung servieren.

⊕ 08:00 Min.

Kalbssteak mit Spargel-Champignon-Ragout

Für 4 Portionen

800 g grünen Spargel putzen, im unteren Drittel schälen, in Salzwasser 10 Minuten garen. 400 g Champignons putzen, in feine Scheiben schneiden. Parallel 4 Kalbssteaks nach Grundrezept braten. Backofen auf 80 °C vorheizen, fertige Steaks und Teller warm stellen. Spargel abgießen, Spargelsud auffangen. 50 g Butter in der Pfanne mit Bratensatz zerlassen. Pilze darin andünsten. 1 EL Mehl darüber stäuben, anschwitzen lassen. Mit $1/4$ l Spargelsud ablöschen, mit Salz, Muskatnuss, Suppenwürze und etwas Worcestersauce abschmecken, bei schwacher Hitze 5 Minuten kochen lassen. 50 g Crème fraîche und etwas Weinbrand unterrühren. Spargel in Stücke schneiden und zugeben. Bratensaft zur Sauce geben, Steaks anrichten und mit Spargel-Champignon-Ragout überziehen.

⊕ 20:00 Min.

TIPPS RUND UMS BRATEN

- Nur gut abgehangenes Steakfleisch verwenden.

- Ein Steak sollte etwa 190 g wiegen und in einer schweren Pfanne von mindestens 28 cm Durchmesser gebraten werden. Mehrere Steaks immer mit Abstand zueinander in die Pfanne geben. Berühren sich die Steaks, kann Dampf nicht so schnell abziehen, die Temperatur in der Pfanne sinkt.

- Steaks immer in stark erhitztes Fett geben, die Fleischporen schließen sich dabei sofort, der Saft bleibt im Fleisch – allerdings kann dabei auch kein Salz in das Steak eindringen. Deshalb Steaks unmittelbar vor dem Braten salzen. Das Salz wird gebunden, wenn sich die Fleischporen schließen. Bleibt gesalzenes Fleisch vor dem Braten allerdings zu lange liegen, zieht das Salz Fleischsaft heraus. Der Flüssigkeitsfilm verhindert ein schnelles Anbraten. Das Fleisch wird im eigenen Saft gegart. Außerdem sorgt die Feuchtigkeit dafür, dass das Fett spritzt und die Brattemperatur sinkt. Das Fleisch wird zäh und das Steak trocknet aus.

Flambierte Schweinesteaks

⊕ 15:00 Min.

Für 4 Portionen
4 Schweinesteaks nach Grundrezept braten. Den Backofen auf 80 °C vorheizen. 2 säuerliche Äpfel waschen, die Kerngehäuse ausstechen. Die Äpfel quer in Scheiben schneiden und mit Zitronensaft beträufeln. Die fertigen Steaks und vier Teller im Backofen warm halten. Im Bratfett die Apfelscheiben pro Seite etwa $1/2$ Minute braten und auf einen Teller legen. Die Pfanne erneut erhitzen. Die Schweinesteaks mit 2–3 Apfelscheiben belegen, jedes Steak in 2 Scheiben durchwachsenen geräucherten Speck einwickeln, diesen mit Holzspießchen feststecken. Steaks in der Pfanne beidseitig kurz anbraten. Kleinen Stieltopf bei schwacher Hitze erwärmen, 8 cl Calvados (50 Vol.-%) darin erhitzen. Den Calvados entzünden und vorsichtig über das Fleisch gießen. Sofort servieren.

ACHTUNG

- Wenn Sie keinen hochprozentigen Calvados haben, Calvados mit 40 Vol.-% mit einem höherprozentigen Cognac mischen (3:1), dann erhitzen.
- Beim Flambieren unbedingt darauf achten, dass sich keine brennbaren Gegenstände in der Nähe der Flamme befinden. Vorhänge, ein Weihnachtsbaum oder Tischdekorationen aus Papier fangen leicht Feuer. Den Alkohol deshalb immer auf einem frei stehenden Tisch oder einer entsprechenden Arbeitsplatte und nie unter Hängeschränken oder Dunstabzugshauben entzünden. Die Flammen könnten überschlagen. Vorsicht auch beim Umgießen, selbst mikrofeine Alkoholtropfen können sich entzünden!

Beefsteak mit Schalotten

⊕ 15:00 Min.

Für 4 Portionen
Den Backofen auf 80 °C vorheizen. 4 Rinderfiletsteaks à 150 g mit der Hand etwas flach drücken. 2 EL Butterschmalz in einer Pfanne erhitzen und die Filets darin von jeder Seite etwa 2 Minuten braten. Die fertigen Filets in Alufolie wickeln und mit den Tellern im Backofen warm stellen. 200 g Schalotten schälen und in feine Würfel schneiden. In der Fleischbratpfanne glasig braten, mit 4 cl trockenem Sherry, 50 ml Weißwein und $1/8$ l Fleischbrühe ablöschen und einkochen lassen. 100 g Sahne unterrühren und die Sauce zu den Steaks servieren.
Dazu passen Folienkartoffeln, Bratkartoffeln oder Kartoffelpüree.

SAFTIGE STEAKS

Bratzeiten für Steaks

Bratzeit je Seite	Aussehen	Bezeichnung
1 Minute	dünne, braune Kruste innen blutig	blau, bleu, rare
2 Minuten	braune Kruste innen heller, blutiger Kern	blutig, saignant, medium rare
1 Minute anbraten, 3 Minuten weiter braten	bis auf einen rosa Kern durchgebraten	halb durch, à point, medium
1 Minute anbraten, 4 Minuten weiter braten	gleichmäßig durchgebraten	durchgebraten, bien cuit, well done

Garzeiten

Steaks braten: So gelingt's!

- Dass auch verschieden durchgebratene Steaks gleichzeitig fertig werden, ist kein Küchenwunder: Mit dem Warmhaltetrick gelingt das nicht nur in der Profiküche. So kommen alle Steaks gleichzeitig auf den Tisch, unabhängig davon, wie lange sie gebraten wurden. Darüber hinaus hat die Ruhezeit den Vorteil, dass der Fleischsaft bei blutigen oder rosa gebratenen Steaks gelieren kann und nicht herausläuft – und mit ihm das ganze Aroma und die Feuchtigkeit.

- Zum Warmhalten die Steaks in Alufolie wickeln und bei 80 °C in den Backofen legen. Steaks können auf diese Weise bis zu 15 Minuten »pfannenfrisch« gehalten werden – längere Warmhaltezeiten sind nicht zu empfehlen.

- Steaks immer auf gut vorgewärmten Tellern servieren. Die Teller dafür mit den Steaks in den Backofen stellen.

Tipps aus der Profiküche

FÜR DEN GROSSEN HUNGER

Panierte Kalbskoteletts (Grundrezept)

Für 4 Portionen

00:00 Min.	4 Kalbskoteletts (ca. 2 cm dick)	waschen, trockentupfen und mit einem Fleischklopfer leicht klopfen. Die Fettseite mit einem Messer mehrmals einschneiden.
05:00 Min.	100 g Mehl	in einen tiefen Teller geben.
06:00 Min.	2 Eier	in einem zweiten tiefen Teller verquirlen.
07:00 Min.	100 g Semmelbrösel 50 g geriebenen Parmesan	In einem dritten Teller und mischen.
08:00 Min.	2 EL Butterschmalz	in einer großen Pfanne auf mittlerer Stufe erhitzen.
09:00 Min.	Salz und Pfeffer	Die Koteletts mit würzen, dann in dem Mehl wenden, durch die verquirlten Eier ziehen und in der Semmelbrösel-Parmesan-Mischung wenden. Die Panade leicht andrücken.
13:00 Min.		Die Koteletts in dem heißen Butterschmalz bei schwacher bis mittlerer Hitze in 10 bis 12 Minuten knusprig braten.

BEILAGENTIPP

Dazu passen Kartoffelsalat oder ein bunter gemischter Salat.

PIKANTE KOTELETTS

Varianten

Lammkoteletts mit Ratatouillekruste

Für 4 Portionen

Den Backofen auf 200 °C vorheizen. 4 doppelte Lammkotelettes mit 4 TL Knoblauchpaste (Fertigprodukt) einreiben, mit Rosmarin und Pfeffer würzen und abgedeckt zur Seite stellen. 1 kleinen Zucchino und 1 kleine rote Paprikaschote waschen, trockenreiben, putzen und fein würfeln. 2 EL Olivenöl in einer Pfanne mit ofenfestem Griff erhitzen. 1 Zwiebel schälen und fein hacken. Die Koteletts salzen und im heißen Öl auf jeder Seite 4–5 Minuten braten, herausnehmen und in Alufolie wickeln. Die Zwiebelwürfel im verbliebenen Bratfett glasig werden lassen. Paprika und Zucchini dazugeben, mit Salz, Pfeffer und Rosmarin würzen, mit 1 TL Tomatenmark binden. Die Herdplatte abschalten, das Gemüse in eine Schüssel geben. Lammkoteletts in die Pfanne legen. 100 g Schafskäse würfeln. Mit 1 EL Semmelbrösel unter das Gemüse mischen. Die Koteletts damit dick belegen und im Backofen (Mitte) 5 Minuten überbacken. Den Ofen abschalten und 4 ofenfeste Teller hineinstellen. Nach 2 Minuten Koteletts und Teller herausnehmen, anrichten. Dazu passen Rosmarinkartoffeln oder knuspriges Baguette.

⊕ 15:00 Min.

PROFITIPP

- Für dieses Rezept eignen sich nur ofenfeste Pfannen.
- Die Bratzeit der Lammkoteletts richtet sich nach deren Dicke. Auf jeden Fall sollte man sie immer so braten, dass sie im Inneren möglichst etwas weniger als rosa sind.

Gefüllte Koteletts

Für 4 Portionen

1 Brötchen würfeln, mit 75 ml warmem Wasser übergießen. 1 Zwiebel schälen, mit 2 EL fein gehackter Petersilie in 1 EL Öl dünsten. 200 g Hackfleisch mit dem ausgedrückten Brötchen, 1 Eigelb und der Zwiebelmischung vermengen. In die Koteletts eine Tasche schneiden, Farce hineinfüllen, Öffnung mit Holzspießchen zustecken. Die Koteletts in Butterschmalz beidseitig anbraten. Mit $1/8$ l Fleischbrühe und 125 g Sahne begießen und im Backofen bei 160 °C in etwa 45 Minuten fertig garen, dabei immer wieder umrühren, eventuell etwas Flüssigkeit nachgießen.

⊕ 20:00 Min.

FÜR DEN GROSSEN HUNGER

Schnitzel natur (Grundrezept)

Für 4 Portionen

00:00 Min.	4 Kalbsschnitzel à 125 g	mit einem Klopfer vorsichtig platt klopfen.
02:00 Min.	2 EL Butterschmalz Salz und Pfeffer	in einer Pfanne bei mittlerer Hitze zerlassen. Die Schnitzel von beiden Seiten mit würzen.
04:00 Min.	Etwas Mehl 1 EL Zitronensaft 100 ml Fleischbrühe	auf einen Teller geben. Die Schnitzel darin wenden und in dem heißen Butterschmalz von jeder Seite 2–3 Minuten anbraten, dann die Hitze reduzieren und sowie angießen. Die Schnitzel zugedeckt in etwa 10 Minuten fertig garen. Den Backofen auf 80 °C vorheizen.
20:00 Min.	Salz und Pfeffer	Die Sauce der Schnitzel eventuell noch mit würzen, die Schnitzel mit der Sauce auf vorgewärmten Tellern servieren.

TIPPS

- Die Schnitzel immer bei starker Hitze anbraten, dann die Hitze reduzieren und die Schnitzel bei mittlerer bis schwacher Hitze fertig braten. Ist die Hitze zu hoch, wird das Fleisch zäh.
- Besonders schonend garen die Schnitzel im Backofen. Dafür den Backofen auf 120 °C vorheizen. Die Schnitzel auf dem Herd anbraten, dann in eine ofenfeste Form geben und dort in etwa 10 Minuten fertig braten.
- Zu den Schnitzeln passen Kartoffelsalat oder gemischter Salat ganz vorzüglich.

Varianten

Rahmschnitzel

Für 4 Portionen
4 Kalbsschnitzel nach Grundrezept zubereiten. Nach dem Ablöschen mit Zitronensaft noch 100 g Sahne oder Crème fraîche und 2–3 EL Weißwein dazugeben. Die Schnitzel fertig garen, wie im Grundrezept beschrieben.

⊕ 00:00 Min.

Paprikaschnitzel

Für 4 Portionen
Die Schnitzel wie im Grundrezept beschrieben zubereiten. Nach dem Ablöschen 100 g Sahne oder Crème fraîche und 2–3 EL Weißwein unterrühren und die Sauce mit Paprikapulver würzen.

⊕ 00:00 Min.

Schnitzel mit Ei

Für 4 Portionen
8 sehr dünne Kalbsschnitzel nach Grundrezept zubereiten. Während die Schnitzel garen in einer beschichteten Pfanne etwas Butter zerlassen und darin 4 Spiegeleier braten. Die fertigen Schnitzel mit je 1 TL Sardellenbutter bestreichen und ein zweites Schnitzel darauf legen. Die Spiegeleier auf die Schnitzel setzen und je mit 1 zusammengerollten Sardellenfilet garnieren.

⊕ 05:00 Min.

Wiener Schnitzel

Für 4 Portionen
4 dünne Kalbsschnitzel mit einem Klopfer vorsichtig flach klopfen. In einem tiefen Teller 100 g Mehl bereit stellen. In einem zweiten Teller 2 Eier mit 1 EL Wasser verquirlen. In einen dritten Teller 100 g Semmelbrösel füllen. Die Schnitzel mit Salz und Pfeffer von beiden Seiten würzen. Die Schnitzel zuerst in Mehl, dann in Ei und zuletzt in den Semmelbröseln wenden. 3 EL Butterschmalz in einer Pfanne zerlassen und die Schnitzel darin bei mittlerer Hitze von beiden Seiten goldbraun braten, das dauert 10 bis 15 Minuten. Die fertigen Schnitzel herausnehmen und auf vorgewärmten Tellern mit Zitronenscheiben servieren.

⊕ 10:00 Min.

FÜR DEN GROSSEN HUNGER

Schnell gezaubert

Kurze Vorbereitung, dann hin und wieder umrühren: So einfach funktionieren die folgenden Gerichte, die solo oder als Gang bei einem festlichen Menü auf den Tisch kommen können. Raffinierter Küchenzauber vom Feinsten!

Mango-Lamm-Curry

Für 4 Portionen

00:00 Min.	1 l Fleischbrühe	zum Kochen bringen, inzwischen
	650 g Lammschulter	
	(ohne Knochen und Sehnen)	in etwa 3 cm große Würfel schneiden.
05:00 Min.		In einer hochrandigen Pfanne
	2 EL Öl	erhitzen. Das Fleisch mit
	3 TL Currypulver,	
	1 Msp. gemahlenem Kardamon	
	1 TL Herbadox	sowie
	1 Spritzer Tabasco	gut vermischen und unter Rühren in dem heißen Öl anbraten.
08:00 Min.	3–4 Zwiebeln	schälen und grob würfeln.
	2 Knoblauchzehen	schälen und fein hacken.
12:00 Min.	4 EL Ananasstücke (Dose)	mit Zwiebeln und Knoblauch mischen, unter kräftigem Rühren zum Lammfleisch geben und auf höchster Stufe durchbraten.
15:00 Min.		Etwas Brühe unterrühren, alles bei mittlerer Hitze etwa 25 Minuten garen, dabei immer wieder Brühe nachgießen.
40:00 Min.		Backofen auf 80° C vorheizen und 4 Teller warm stellen.
	1 reife Mango	schälen, das Fleisch vom Stein schneiden und würfeln. Die Mangowürfel unter das Curry rühren und die restliche Brühe angießen.
50:00 Min.		Das Curry auf den vorgewärmten Tellern servieren.

TIPP

Mangos werden oft unreif angeboten. Nach zwei bis drei Tagen sind sie dann weich genug, um direkt verarbeitet zu werden. Zu harte Mangos können dennoch in der Küche verwendet werden. Sie werden in diesem Fall schon bei 24:00 Min. zum Fleisch gegeben. Sehr reife Mangos und Dosenmangos werden später zugegeben. Es reicht wenn sie ab 34:00 Min. mitgekocht werden.

Varianten

Thai-Curries
Asiatische Currypasten werden aus verschiedenen Zutaten in einem ausgewogenen Mischungsverhältnis hergestellt: Chilischoten, Schalotten, Knoblauch, Koriander, Ingwer, Zitronengras, Kaffir-Limetten und -blätter, Kreuzkümmel, Gelbwurz, Salz und frischer Pfeffer werden zu einer Paste verarbeitet. Diese Currypasten, die je nach Zusammensetzung rot, gelb oder grün sind und jeweils etwas unterschiedlich schmecken, machen aus einfachen Lebensmitteln eine Köstlichkeit. Alle Curries geben einen scharfen, frischen Geschmack. Sie bleiben auch in der Tiefkühltruhe knetbar und können deshalb gut portioniert werden. Currypasten sind frisch im Asienladen erhältlich. Sie werden meist in 500 g-Plastikdosen angeboten und können problemlos lange eingefroren werden.

Zeitraffer

Rotes Schweinecurry

Für 4 Portionen
650 g Schweinefilet von Sehnen und Häuten befreien, mittelfein würfeln. 2 TL dunkle Sojasauce mit 1 1/2 TL Speisestärke und 2 TL Sesamöl verrühren, das Fleisch damit vermengen, etwas ruhen lassen. Inzwischen 3 mittelgroße Tomaten häuten, entkernen und in bleistiftdicke Streifen teilen. 2 Knoblauchzehen schälen und in feinste Scheiben schneiden. 1 Hand voll Basilikumblätter grob hacken. 1 Chilischote aufschneiden, Kerne entfernen und die Schote in feinste Querstreifen schneiden. Parallel dazu in einer schweren Pfanne oder einem Wok 1 EL Sesamöl und 2 EL Pflanzenöl (z. B. Erdnussöl) kräftig erhitzen. Das Fleisch darin von allen Seiten anbraten. 2 EL rote Currypaste unterrühren, alles unter häufigem Wenden 25 Minuten schmoren lassen, dabei Tomatenstreifen und Knoblauchzehen und zuletzt die Chilistreifen hinzugeben. Zum Schluss mit Basilikum bestreuen.

⊖ 10:00 Min.

Kokoscurry

Für 4 Portionen
800 ml Kokosmilch erwärmen. 650 g Rindfleisch (Hüfte) in walnussgroße Stücke schneiden, in die Kokosmilch geben. 1 TL Zucker, 3 EL gemahlene Erdnüsse, 3 zerstoßene Knoblauchzehen und etwas Salz zugeben. 1 1/2 EL rote Currypaste unterrühren. Alles bei schwacher Hitze offen 40 Minuten garen, dabei immer wieder umrühren. 1 Hand voll Basilikumblätter hacken, das Curry damit bestreuen.

⊕ 10:00 Min.

FÜR DEN GROSSEN HUNGER

Züricher Geschnetzeltes

Für 4 Portionen

00:00 Min.	300 g Champignons	putzen und in Scheiben schneiden.
	500 g Kalbsschnitzel	in feine Streifen schneiden.
15:00 Min.	2 EL Öl	in einer Pfanne bei mittlerer Hitze erwärmen.
	1 Zwiebel	schälen und fein hacken, in dem Öl glasig dünsten.
20:00 Min.		Das Fleisch zu den Zwiebeln geben und anbraten. Die Champignons hinzufügen. So lange braten, bis fast die ganze Flüssigkeit verdampft ist, mit
	Salz, Pfeffer und Paprikapulver	würzen.
25:00 Min.	1 TL Mehl	Die Zutaten mit bestäuben.
26:00 Min.	200 g Sahne	und
	100 ml Weißwein	angießen. Die Sauce in etwa 10 Minuten bei mittlerer Hitze cremig einkochen lassen.

Zeitraffer

Statt frischen Champignons TK-Champignons nehmen und rechtzeitig aus der Kühlung holen. Das spart 10 Minuten fürs Putzen und in Scheiben schneiden.

Varianten

Rindergeschnetzeltes

Für 4 Portionen
300 g Champignons putzen und in Scheiben schneiden. $^3/_8$ l Bratenfond (Fertigprodukt) zum Kochen bringen. 400 g Rinderlende in feine Streifen schneiden. 1 Zwiebel schälen und fein würfeln. 2 EL Öl in einer Pfanne erhitzen. 2 Essiggurken in feine Streifen schneiden. Das Fleisch im heißen Öl kräftig anbraten. Zwiebeln und Pilze hinzufügen und mitbraten, Essiggurken unterrühren. Alles mit 4 cl Madeira und 4 cl Cognac ablöschen und den Bratenfond angießen. Das Geschnetzelte noch 1 Minute bei schwacher Hitze köcheln lassen, dann servieren.

Schweinegeschnetzeltes mit Paprika

Für 4 Portionen
400 g Schweineschnitzel in feine Streifen schneiden. 1 Zwiebel schälen, halbieren und in feine Scheiben schneiden. 2 Knoblauchzehen schälen und fein würfeln. 1 Dose Artischockenherzen abgießen und abtropfen lassen. Die Herzen vierteln. 2 EL Öl in einer Pfanne erhitzen. 1 Parikaschote waschen, putzen und in kleine Würfel schneiden. Das Fleisch in dem Öl rundum kräftig anbraten, mit Salz, Pfeffer und Thymian würzen. Zwiebel, Knoblauch und Paprikaschote hinzufügen und etwa 2 Minuten mitbraten. 1 Packung Pizzatomaten angießen, die Artischockenherzen dazugeben und alles noch 5 Minuten bei mittlerer Hitze kochen lassen.

BEILAGENTIPP

- Zu geschnetzeltem Kalbfleisch passen Rösti, aber auch Reis und Nudeln.
- Rindergeschnetzeltes schmeckt mit Reis.
- Zum Schweinegeschnetzelten servieren Sie Knoblauchbaguette oder Kartoffelgratin.

Seewolf mit Tomatenkartoffeln

Fisch: die leichte Art zu kochen

FÜR DEN GROSSEN HUNGER

Forellen »Müllerin Art«

Für 4 Portionen

00:00 Min.		Zwei große Pfannen auf mittlerer Stufe erhitzen.
01:00 Min.	4 Forellen à 250 g	unter fließendem, kaltem Wasser gründlich abspülen, danach mit Küchenpapier trockentupfen.
06:00 Min.	60 g Butter Salz und Pfeffer	in jede Pfanne geben und vorsichtig erhitzen. Die Forellen mit würzen. Je 2 Forellen in eine Pfanne legen und darin von beiden Seiten braten. Den Backofen auf 80 °C vorheizen.
16:00 Min.	1 Bund Petersilie 1 Zitrone 2 unbehandelte Zitronen	waschen, trockenschütteln und fein hacken. auspressen. in dünne Scheiben schneiden.
22:00 Min.	Je 40 g Butter	in die Pfannen geben.
24:00 Min.		Die Pfannen vom Herd nehmen. Die Forellen auf ein Backblech legen und auf der untersten Schiene in den Backofen schieben. Teller dazustellen. Die Zitronenscheiben in den Pfannen auf einer Seite kurz anbraten, die Forellen damit belegen.
30:00 Min.	½ TL Zucker	in jede Pfanne streuen und darin karamellisieren. Den Zitronensaft angießen und aufwallen lassen. Die Petersilie einstreuen, den Inhalt beider Pfannen in eine schütten. Die leere Pfanne kräftig erhitzen.
	⅛ Liter trockenen Weißwein Salz, Worcestersauce etwas Zucker	angießen und auf die Hälfte einkochen. Mit und nach Geschmack abschmecken.
35:00 Min.		Die Forellen auf vorgewärmten Tellern anrichten, mit etwas Sauce überziehen und die übrige Sauce in eine Sauciere geben.

PROFITIPP

Sollte die Sauce durch den Wein zu sauer geworden sein, die Säure mit etwas Zucker oder auch ein paar Spritzern Süßstoff mildern.

Varianten

Forellen auf Schalotten

Für 4 Portionen

Ofen auf 180 °C vorheizen. 4 Forellen à 250 g kalt abspülen, trockentupfen, mit Salz und Pfeffer würzen. 125 g Butter zerlassen. 250 g Schalotten schälen und würfeln. 1 Bund Petersilie waschen, trockenschütteln und fein hacken. 1 unbehandelte Zitrone waschen. Die Schale abreiben, mit Schalotten, Petersilie und 1 TL getrocknetem Estragon mischen, in einen Bräter geben. Die Bauchlappen der Forellen nach außen ziehen, die Fische so nebeneinander darauf legen und mit der Butter, 3/8 l trockenem Weißwein und 6 cl Cognac begießen. Die Forellen im Backofen (Mitte) 25 Minuten garen, zwischendurch mit Bratfond begießen. Fertige Fische aus dem Backofen nehmen. Den Bratfond durch ein Sieb in einen Topf gießen und in 5 Minuten um $1/3$ einkochen. Forellen und 4 Teller in den Backofen stellen. Die Forellen mit den Schalotten auf den vorgewärmten Tellern anrichten und mit der Sauce begießen.

> **PROFITIPP**
> Forellen sind gar, wenn die Rückenhaut leicht zu reißen beginnt und/oder die Augen des Fisches weiß hervortreten.

Schwarzwald-Forellen

Für 4 Portionen

1 l Wasser, $1/2$ l trockenen Weißwein, 2 Lorbeerblätter, 1 TL Salz und 6 Wacholderbeeren in einem Bräter aufkochen und 10 Minuten köcheln lassen. 200 g Sellerie, 3 Möhren und 2 Zwiebeln schälen. 1 Stange Lauch putzen und waschen. Das Gemüse in Streifen schneiden, bis auf den Lauch in den Sud geben. Etwas Liebstöckel zerkleinern und zufügen. Den Sud 15 Minuten köcheln lassen. 4 Forellen à 250 g kalt abwaschen. $1/2$ Bund Dill, je 1 kleines Bund Petersilie, Schnittlauch und Thymian waschen, trockenschütteln, fein hacken. Die Kräuter mischen. Lauch und Forellen in dem Sud 15 Minuten leicht sieden lassen. 100 g Butter zerlassen. 3 EL Mehl darin hell anschwitzen. Den Fischsud passieren. Mehlschwitze mit $1/4$ l Sud und $1/8$ l Milch ablöschen, 10 Minuten köcheln lassen, mit Salz, Pfeffer, Muskat, 1 EL Meerrettich und Kräutern (1 EL beiseite stellen) würzen. 60 g Butter erhitzen. Den Fischsud durch ein Sieb gießen. Das Gemüse in der Butter schwenken, mit Salz und Pfeffer würzen und auf vorgewärmten Tellern anrichten. Die Forellen darauf legen, mit der Sauce übergießen und mit den restlichen Kräutern bestreuen.

Nehmen Sie TK-Suppengrün – das bringt satte 10 Minuten Zeitersparnis.

⊕ 00:00 Min.

⊕ 05:00 Min.

Zeitraffer

FÜR DEN GROSSEN HUNGER

Seewolf mit Tomatenkartoffeln

Für 4 Portionen

00:00 Min.	½ l Wasser	zum Kochen bringen. Inzwischen
	500 g Kartoffeln	schälen, in etwa 2 cm große Würfel schneiden, diese mit
10:00 Min.	1 TL Salz	in das kochende Wasser geben. Die Kartoffeln darin 4–5 Minuten blanchieren. Zwei Pfannen (28 cm ⌀) auf mittlerer Stufe erhitzen. Den Backofen auf 80 °C vorheizen, ein Backblech und 4 Teller warm stellen.
12:00 Min.	8 Seewolffilets à 70–80 g Salz und Pfeffer	von beiden Seiten mit würzen. In jeder Pfanne
15:00 Min.	2 EL Olivenöl Mehl	erhitzen. Die Fischfilets in wenden und in einer Pfanne nacheinander je 4 Filets beidseitig braten. Die Kartoffeln abgießen und abtropfen lassen. Die fertigen Filets im Backofen warm halten.
18:00 Min.	Salz und Pfeffer	Die Kartoffeln in die zweite Pfanne geben, mit würzen und rundum goldbraun braten.
19:00 Min.	2 Zwiebeln	schälen und in Würfel schneiden.
	2 Knoblauchzehen	schälen, fein hacken, mit den Zwiebeln in die Fisch-Pfanne geben, darin mit
	½ TL Rosmarinnadeln 1 zerkrümelten Lorbeerblatt	und glasig werden lassen.
25:00 Min.	2–3 Tomaten Salz und Pfeffer	waschen, würfeln, zu den Zwiebeln geben, mit würzen.
30:00 Min.	2 Sardellenfilets 2 EL kleinen Kapern 2 EL TK-Petersilie	quer in dünne Streifen schneiden, mit sowie unter die Tomaten heben und erhitzen, zu den Kartoffeln geben. Beide Herdplatten abschalten.
35:00 Min.	1 unbehandelte Zitrone	waschen und in Spalten schneiden. Den Backofen abschalten. Fisch, Kartoffeln und Zitronen auf den Tellern anrichten.

TIPP
Statt Seewolf schmecken auch Merlan- oder Seelachsfilets.

Varianten

Heilbuttschnitten mit Frühlingsgemüse

Für 4–6 Portionen

1 Bund Frühlingszwiebeln waschen, putzen und in feine Ringe schneiden. 2 Möhren schälen und in kleine Würfel schneiden. 1 gelbe Paprikaschote waschen, putzen und fein würfeln. 200 g Zuckerschoten waschen, die Enden abknipsen und die Schoten in etwa 3 cm lange Stücke schneiden. 1 kg Heilbuttfilets waschen, trockentupfen, mit Salz, Pfeffer und Zitronensaft würzen. 400 ml Fischfond mit $1/8$ l trockenem Weißwein, $1/8$ l Wasser und einem guten Schuss halbtrockenem Sherry erhitzen, die Filets darin bei schwacher Hitze etwa 10 Minuten ziehen lassen. Inzwischen 1 EL Butter in einem Topf erhitzen. Den Backofen auf 80 °C vorheizen und 4 Teller darin warm stellen. Die Frühlingszwiebeln in der Butter andünsten. Dann das restliche Gemüse, bis auf die Zuckerschoten, hinzufügen und kurz mitdünsten. Das Gemüse mit 1 EL Mehl bestäuben und mit 300 ml von dem Fischfond ablöschen. Die Zuckerschoten hinzufügen, alles etwa 5 Minuten köcheln lassen. Das Gemüse soll bissfest sein. 1 Bund Schnittlauch waschen, trockenschütteln und fein hacken. Die Fischfilets aus dem Sud heben, auf den vorgewärmten Tellern anrichten und mit dem Gemüse bedecken. Mit Schnittlauch bestreuen.

Lachs in Krabbensauce

Für 4 Portionen

200 g ausgelöste Garnelen bereitstellen. 4 Lachsfilets à 150 g abbrausen, trockentupfen, mit Salz, Pfeffer und Zitronensaft würzen. 1 Zwiebel schälen und fein hacken. 1 EL Butter erhitzen, die Ziebel darin glasig dünsten, mit Mehl bestäuben und kurz anschwitzen lassen. 400 ml Fischfond (Glas) angießen und unterrühren, die Lachsfilets hineinsetzen und in der Sauce etwa 5 Minuten pochieren. Dann 100 g Sahne und die Garnelen unterrühren und alles weitere 5 Minuten garen, dabei vorsichtig umrühren. Die Sauce mit Salz, Pfeffer, Zucker und eventuell etwas trockenem Sherry abschmecken.

BEILAGENTIPP
Zu Fisch mit Sauce passen Reis, Salzkartoffeln oder Kartoffelpüree besonders gut. Zu gebratenem Fisch schmecken Salzkartoffeln, Kartoffel- oder ein bunter gemischter Salat.

FÜR DEN GROSSEN HUNGER

Eglifilets mit Mandeln

Für 4 Portionen

00:00 Min.	12 Eglifilets Salz, Pfeffer Zitronensaft	kurz abbrausen, dann trockentupfen, mit und würzen.
05:00 Min.	100 g Mehl 2 Eier 100 g Mandelblättchen	auf einen Teller geben. in einem Suppenteller verquirlen. auf einen dritten Teller geben.
07:00 Min.		4 Fischfilets zuerst in dem Mehl wenden, dann durch die verquirlten Eier ziehen und zum Schluss in die Mandelblättchen drücken. Den Backofen auf 80 °C vorheizen. Teller darin warm stellen.
10:00 Min.	2 EL Butter	in einer beschichteten Pfanne zerlassen. 4 Fischfilets darin von beiden Seiten bei mittlerer Hitze goldbraun braten. Die fertigen Filets auf einer Platte in den vorgeheizten Ofen stellen. Dann wieder
15:00 Min.	2 EL Butter	in der Pfanne erhitzen. Die nächsten 4 Filets panieren, braten und warm stellen. Wieder
20:00 Min.	2 EL Butter	zerlassen, die restlichen 4 Filets panieren und braten. Inzwischen
	1 unbehandelte Zitrone ½ Bund Petersilie	heiß abwaschen, trocknen und in Scheiben schneiden. waschen, trockenschütteln und fein hacken.
25:00 Min.		Die Filets mit den Zitronenscheiben auf den vorgewärmten Tellern anrichten und mit Petersilie bestreuen. Dazu passen Salzkartoffeln.

TIPP

- Die Filets nacheinander panieren und braten, damit die Panade nicht abfällt.
- Die Brathitze darf nicht zu hoch sein, sonst verbrennen die Mandeln und schmecken dann bitter.

Varianten

Gebackene Eglifilets

Für 4 Portionen

12 Eglifilets kalt abbrausen, trockentupfen und mit Salz, Pfeffer und Zitronensaft würzen. 100 g Mehl auf einen Teller schütten. 2 Eier in einem Suppenteller verquirlen. 100 g Semmelbrösel und 50 g geriebenen Parmesan auf einem dritten Teller mischen. Den Backofen auf 80 °C vorheizen, 4 Teller darin warm stellen. Die Filets portionsweise zuerst in Mehl wenden, dann durch die verquirlten Eier ziehen und zum Schluss in die Semmelbröselmischung drücken. Je 2 EL Butter in einer Pfanne zerlassen und 4 Eglifilets darin bei mittlerer Hitze von beiden Seiten goldbraun braten. So weiter verfahren, bis alle Filets gebraten sind, fertige Filets im Backofen warm halten. Dazu passt Kartoffelsalat.

> **TIPP**
> Egli oder Kretzer ist eine im Boden- und im Zürichsee beheimatete Barschart. Seine Filets sind sehr klein, haben wenig Gräten und einen feinen Geschmack.

Eglifilets im Weinteig

Für 4 Portionen

12 Eglifilets kalt abbrausen, trockentupfen und mit Salz, Pfeffer und Zitronensaft würzen. Für den Weinteig 75 g Mehl mit $1/8$ l Weißwein, 1 TL Öl, Salz und Pfeffer verrühren. 2 kleine Eier trennen. Die Eigelbe unter den Teig rühren, die Eiweiße steif schlagen und unterheben. Öl oder Fett in einer Fritteuse auf 180 °c erhitzen. Den Backofen auf 80 °C vorheizen. Die Fischfilets portionsweise in Mehl wenden, dann durch den Ausbackteig ziehen und in dem Fett bei mittlerer Hitze goldbraun ausbacken. Die fertigen Filets herausheben, abtropfen lassen und zum Abtropfen und Warmhalten auf Küchenpapier in den vorgeheizten Backofen legen.

Eglifilets in der Nusskruste

Für 4 Portionen

12 Eglifilets kalt abbrausen, trockentupfen und mit Salz, Pfeffer und Zitronensaft würzen. 100 g ungesalzene Erdnusskerne fein hacken oder grob mahlen, mit 1 bis 2 EL geriebenem Parmesan und $1/2$ TL getrocknetem Thymian mischen. Die Filets in Mehl, dann in verquirltem Ei wenden und in die Panade drücken. Fett in zwei großen Pfanne erhitzen und die Filets darin von beiden Seiten bei mittlerer Hitze goldbraun braten. Herausnehmen und servieren.

Marzipanäpfel auf Kirschspiegel

FÜR DEN SÜSSEN HUNGER

FÜR DEN SÜSSEN HUNGER

Krönender Abschluss: die Nachspeise

Ein Essen ohne Dessert? Für echte Feinschmecker unvorstellbar. Hier ein paar Highlights für den ultimativen Genuss.

Quarkmousse mit Vanille

Für 4–5 Portionen

00:00 Min.	¼ l Wasser	bei mittlerer Hitze in einem breiten flachen Topf (für Wasserbad) erhitzen. Inzwischen
	4 Eier	(Eigelb und Eiweiß) trennen.
02:00 Min.		Eiweiß in den Kühlschrank stellen.
	½ Vanilleschote	längs aufschneiden, das Mark herauskratzen. Mit den Eigelben,
	3 EL Zucker	und
	½ TL abgeriebener Zitronenschale	in einer Metallschüssel gut vermischen. Die Schüssel ins heiße Wasserbad setzen und die Eigelbmasse bei höchstens 80 °C mit einem Schneebesen schaumig schlagen. Etwas von der Masse auf einem flachen Kochlöffel leicht anblasen. Wenn sich dabei Wellen bilden, ist die Creme fertig. Die Schüssel aus dem Wasserbad nehmen und löffelweise
12:00 Min.	200 g Quark	mit dem Schneebesen unter die Eigelbmasse ziehen.
14:00 Min.		Das Eiweiß mit den Schneebesen des Handrührgeräts schaumig schlagen, dann
	2 EL gesiebten Puderzucker	langsam dazugeben und so lange weiterschlagen, bis der Eischnee schnittfest ist.
16:00 Min.		Den Eischnee unter die Quarkmasse heben.
	5 EL Sahne	steif schlagen und mit einem Schneebesen unterheben.
19:00 Min.		Die Creme mit 2–3 Tropfen Vanillearoma abschmecken.
20:00 Min.		Das Dessert in Schüsseln anrichten und 2 Stunden in den Kühlschrank stellen.

Varianten

Quarkmousse mit Heidelbeeren

Für 6 Portionen

Quarkmousse nach Grundrezept herstellen. 300 g TK-Heidelbeeren mit einer Gabel auflockern, mit 2 EL Zucker und 4 cl Grand Marnier vermischen. Die Hälfte der Beeren unter die Mousse heben, die Mischung auf 6 Gläser verteilen. Die restlichen Beeren dekorativ darauf anordnen. Mit geschlagener Sahne garnieren.

⊕ 05:00 Min.

> **TIPPS**
> - Eiweiß wird schneller steif, wenn die verwendeten Geräte gut gekühlt und völlig fettfrei sind.
> - Sahne immer gut gekühlt schlagen. Ein Sahnesyphon ist die erste Wahl für Zeitsparfreaks, weil er auf Knopfdruck steife Sahne liefert.
> - Quarkmousse wird besser, wenn sie mindestens 2 Stunden unter Kühlung Zeit hat, abzubinden. Wird die fertige Mousse in Portionsgläser oder Schalen gefüllt, dann bindet die Masse besonders gut ab.

Quark-Erdbeer-Torte

Für 12 Portionen

Am Vortag Quarkmousse nach Grundrezept zubereiten und kalt stellen. Am nächsten Tag 500 g frische Erdbeeren kurz waschen, putzen, längs halbieren. Die Mousse auf einem Biskuit-Tortenboden (Fertigprodukt) glatt streichen. Mit 1 Päckchen Sahnesteif bestreuen, mit den Früchten belegen, kalt stellen. Inzwischen nach Packungsanweisung aus 1 Päckchen klarem Tortenguss mit aufgefangenem Erdbeersaft und trockenem Weißwein einen Guss zubereiten und etwas abkühlen lassen. Die Torte aus dem Tiefkühlgerät nehmen und mit dem Guss überziehen. 1 Stunde im Kühlschrank ruhen lassen.

⊕ 20:00 Min.

Blitz-Vanillequark

Für 4 Portionen

350 g Sahnequark in einer Schüssel mit 2 EL Zucker, 1 Päckchen Vanillezucker, 2 Tropfen Vanillearoma sowie abgeriebener Schale von $1/2$ unbehandelten Zitrone verrühren. Mit dem Sahnesyphon 2–3 EL Sahne direkt in die Quarkcreme einspritzen und vorsichtig mit dem Schneebesen unterrühren.

⊖ 15:00 Min.

Aprikosencreme

Für 6 Portionen

00:00 Min.	6 Blatt weiße Gelatine	in kaltem Wasser einweichen.
01:00 Min.	80 g Zucker ¼ l Aprikosensaft	mit zum Kochen bringen. Inzwischen
02:00 Min.	500 g Aprikosen	waschen, halbieren und entsteinen. Die Fruchthälften mit einem Pürierstab pürieren. Die Gelatine ausdrücken und in dem heißen Aprikosensaft auflösen.
10:00 Min.	1 unbehandelte Zitrone	heiß abwaschen und abtrocknen. Die Schale fein abreiben und den Saft auspressen. Schale und Saft mit dem Aprikosenpüree unter den heißen Saft mischen, in kaltem Wasser abkühlen lassen.
12:00 Min.	250 g Sahne	steif schlagen und unter das Aprikosenpüree heben. Die Creme in Portionsschalen füllen und mindestens 4 Stunden in den Kühlschrank stellen.
		Nach der Kühlzeit die Förmchen aus dem Kühlschrank nehmen und kurz in heißes Wasser tauchen. Die Cremes auf Dessertteller stürzen und mit Früchten, Sahne und Zitronenmelisse nach Belieben garnieren.

TIPPS

- Diese Creme lässt sich mit vielen verschiedenen Früchten zubereiten. Wenn Sie Ananas nehmen, müssen Sie diese vorher erhitzen, damit die Creme gelieren kann. Das Fruchtfleisch der Ananas enthält ein Enzym, welches das Gelieren verhindert. Beim Erhitzen wird dieses Enzym allerdings zerstört.

- Sie können die Creme auch mit Agar-Agar oder Biobin binden. Agar-Agar muss etwa 5 Minuten mitgekocht werden. Biobin bindet ohne Kochen, die Creme wird aber nicht so fein in der Konsistenz.

FRUCHTIG UND FRISCH: CREMES

Varianten

Orangencreme

Für 6 Portionen

4 Blatt Gelatine in kaltem Wasser einweichen. $^1/_4$ l Orangensaft mit 1 Päckchen Vanillezucker leicht erwärmen. 4 Eier trennen. Die Eiweiße kalt stellen. Die Eigelbe mit 75 g Zucker cremig rühren, den lauwarmen Orangensaft unterrühren. Die Mischung über dem heißen Wasserbad cremig aufschlagen. Die Gelatine ausdrücken und in der heißen Masse auflösen. Die Creme in Eiswasser stellen und kalt rühren und in eine Schüssel füllen. Die Eiweiße und 200 g Sahne steif schlagen und mit 4 cl Orangenlikör unter die Creme heben. Die Creme in Portionsschalen füllen und mindestens 2 Stunden kalt stellen.

⊕ 10:00 Min.

Kirschcreme

Für 6 Portionen

4 Blatt rote Gelatine in kaltem Wasser einweichen. 500 g süße Kirschen waschen, entstielen und entsteinen, im Mixer pürieren. 4 Eier trennen, Eiweiße kalt stellen. Die Eigelbe mit 4 EL Zucker, 3 EL Kirschlikör, 1 TL unbehandelter Zitronenschale und $^1/_2$ TL Zimt verquirlen. Die Eigelbmischung mit der Hälfte des Kirschpürees mischen und über dem heißen Wasserbad cremig aufschlagen, die ausgedrückte Gelatine darin auflösen, die restlichen Kirschen unterrühren. Die Creme in Eiswasser setzen und kalt rühren. Die Eiweiße steif schlagen und unter die Kirschcreme heben. Die Creme im Kühlschrank in etwa 3 Stunden fest werden lassen.

⊕ 15:00 Min.

Kokoscreme

Für 6 Portionen

4 Blatt Gelatine in kaltem Wasser einweichen. 4 Eier trennen. Die Eiweiße kalt stellen. $^1/_4$ l Kokosmilch erhitzen, die Gelatine darin auflösen, die Kokosmilch beiseite stellen. Von $^1/_2$ Vanilleschote das Mark herauskratzen, mit den Eigelben und 80 g Zucker über dem heißen Wasserbad cremig aufschlagen. Die Eiermischung in Eiswasser setzen und kalt rühren, mit der abgekühlten Kokosmilch vermengen. Die Eiweiße und 200 g Sahne steif schlagen. Getrennt unter die Kokoscreme ziehen, etwa 4 Stunden kalt stellen.

⊕ 10:00 Min.

FÜR DEN SÜSSEN HUNGER

Schokoladenpudding mit Vanillesauce

Für 4 Portionen

00:00 Min.	80 g Zartbitterschokolade 20 g Kakao, 50 g Zucker etwa ½ l Milch	in kleine Stücke brechen und mit und zum Kochen bringen.
05:00 Min.	50 g Speisestärke ¼ l Milch	mit glatt rühren. Die Speisestärke unter die kochende Milch rühren und einmal aufkochen lassen. Den Pudding unter Rühren bei mittlerer Hitze so lange kochen, bis er schön cremig geworden ist. Dann den Pudding beiseite stellen und unter Rühren erkalten lassen.
15:00 Min.	2 Eiweiße 100 g Sahne	zu steifem Schnee schlagen. steif schlagen.
20:00 Min.		Sahne und Eischnee unter den Pudding heben und diesen kalt stellen.
22:00 Min.	100 g Mandelblättchen	in einer Pfanne ohne Fett rösten, dann beiseite stellen.
25:00 Min.	Von ½ l Milch 1 EL Speisestärke	3–4 EL abnehmen und darin glatt rühren.
26:00 Min.	60 g Zucker ½ Vanilleschote	und mit der restlichen Milch zum Kochen bringen. Die angerührte Speisestärke einrühren und die Sauce unter Rühren dicklich einkochen lassen.
30:00 Min.	1 großes Ei	trennen. Das Eigelb in die heiße, nicht mehr kochende Sauce rühren und unter Rühren nochmals erhitzen, aber nicht kochen lassen. Dann beiseite stellen und abkühlen lassen.
45:00 Min.		Das Eiweiß steif schlagen und unter die kalte Sauce heben. Die Sauce bis zum Servieren kalt stellen.

Varianten

Iles flottantes

Für 6 Portionen

⊖ 10:00 Min.

3 Eier trennen. Die Eiweiße mit 80 g Zucker steif schlagen, kalt stellen. $^3/_4$ l Milch mit 1 aufgeschnittenen Vanilleschote, 1 TL unbehandelter abgeriebener Zitronenschale und 20 g Zucker zum Kochen bringen. Von der Eiweißmasse mit einem Esslöffel Klöße abstechen und in der heißen Milch bei schwacher Hitze etwa 2 Minuten ziehen lassen. Die Schneeklößchen mit einem Schaumlöffel herausheben, auf einen Teller setzen. Die Vanilleschote aus der Milch entfernen. 1 EL Speisestärke mit etwas kalter Milch anrühren. Die Klößchenmilch erhitzen, die Speisestärke unterrühren und die Milch kurz kochen lassen. Die Vanillemilch von der Kochstelle nehmen und die Eigelbe nach und nach mit dem Schneebesen unterrühren. Die Vanillecreme in eine Schüssel gießen, die Schneeklößchen darauf anrichten.

Grießpudding

Für 6 Portionen

⊖ 15:00 Min.

1 l Milch mit 70 g Butter und 1 Päckchen Vanillezucker zum Kochen bringen. 90 g Grieß unterrühren und bei schwacher Hitze ausquellen lassen. Inzwischen 3 Eier trennen. Die Eigelbe unter den heißen Grießbrei rühren. Die Eiweiße mit 80 g Zucker steif schlagen, 1 TL abgeriebene, unbehandelte Zitronenschale unterrühren. Den Eischnee unter den abgekühlten Grießbrei rühren. Portionsschälchen kalt ausspülen und die Grießmasse einfüllen. Den Grießpudding mindestens 1 Stunde kalt stellen. Kurz vor dem Servieren 300 g abgetropfte Pfirsiche aus der Dose pürieren. Den Grießpudding auf Teller stürzen und das Fruchtpüree als Sauce dazu reichen.

Vanillepudding

Für 6 Portionen

⊖ 15:00 Min.

$^1/_2$ l Milch mit 60 g Zucker und 1 aufgeschnittenen Vanilleschote zum Kochen bringen. 1 EL Speisestärke mit etwas kalter Milch verquirlen und unterrühren, die Milch einmal aufwallen lassen, dann von der Kochstelle nehmen. 4 Eier trennen. Die Eiweiße steif schlagen. Die Eigelbe unter die heiße Vanillemilch rühren, diese nochmals erhitzen, aber nicht mehr kochen lassen, bis die Masse dicklich ist. Die Eiweiße unterheben, den Pudding kalt stellen.

Blutorangeneis

Für 6–8 Portionen

00:00 Min.	4 unbehandelte Blutorangen	waschen und trockenreiben. Die Schale mit einem Zestenreißer oder einer feinen Reibe abhobeln. Die Früchte halbieren, den Saft auspressen und beiseite stellen.
10:00 Min.	6 Eigelbe 125 g Zucker $1/4$ l Milch	mit und der Orangenschale verquirlen. unterrühren und die Masse über dem Wasserbad schlagen, bis sie dick-cremig ist. Dann in Eiswasser setzen und kalt rühren. Den Orangensaft dazugeben und unterrühren.
30:00 Min.	500 g Sahne 3 EL Zucker	mit steif schlagen und unter die Orangencreme mischen. Die Creme abgedeckt ins Tiefkühlgerät stellen und dort 5–6 Stunden gefrieren, dabei immer wieder umrühren, damit sich keine zu großen Eiskristalle bilden.
06:30 Std.	einige Blättchen Zitronenmelisse	Kurz vor dem Servieren waschen und trockentupfen.
06:32 Std.	5 EL Kokosflocken	in einer Pfanne ohne Fett hellgelb rösten und beiseite stellen. Das Eis aus dem Tiefkühlgerät nehmen, in Portionsschälchen anrichten, mit den Kokosflocken bestreuen und mit Zitronenmelisseblättchen garnieren.

TIPPS

- Eiscreme können Sie im Tiefkühlgerät einige Tage aufbewahren.
- Enthält die Eiscreme Alkohohl, muss sie bei -15 °C gekühlt werden. Das ist nur im Tiefkühlgerät möglich.
- Eiscreme wird in der Eismaschine besonders fein und cremig. Die Anschaffung lohnt sich aber nur, wenn wirklich häufig Eiscreme gegessen wird.

Varianten
Vanilleeis

Für 6–8 Portionen

1 Vanilleschote längs aufschneiden und das Mark herausschaben. Vanilleschote und -mark mit 1 l Milch zum Kochen bringen, dann auf der ausgeschalteten Herdplatte etwa 15 Minuten ziehen lassen. 200 g Zucker mit 6 Eigelb in einer Schüssel mischen und über dem heißen Wasserbad cremig aufschlagen. Die heiße Vanillemilch durch ein Sieb gießen und nach und nach unter die Eigelbmasse rühren. Die Vanillecreme über dem Wasserbad weiter schlagen, bis sie dicklich ist. Die Schüssel in Eiswasser setzen und die Creme kalt rühren. 3 Eiweiß mit 30 g Puderzucker steif schlagen und unter die abgekühlte Vanillecreme heben. Die Creme in der Eismaschine oder im Tiefkühlgerät gefrieren lassen. Im Tiefkühlgerät dauert es etwa 5 Stunden, wobei immer wieder durchgerührt werden muss, damit sich keine zu großen Eiskristalle bilden.

⊕ 10:00 Min.

Schokoladeneis

Für 6–8 Portionen

Für Schokoladeneis statt der Vanilleschote 200 g geriebene Zartbitterschokolade und 1 Päckchen Vanillezucker in der Milch schmelzen lassen. Den Zucker auf 150 g reduzieren.

⊕ 10:00 Min.

Karamelleis

Für 6–8 Portionen

100 g Zucker in einem Topf bei mittlerer bis schwacher Hitze hellgelb schmelzen lassen. $1/4$ l Wasser angießen und alles unter Rühren cremig einkochen lassen. Dann langsam $3/8$ l Milch einrühren und alles nochmals aufkochen lassen, auf der abgeschalteten Herdplatte stehen lassen. 8 Eigelb mit 150 g Zucker in einer Metallschüssel mischen und über dem heißen Wasserbad cremig aufschlagen. Die heiße Karamellmilch langsam angießen und alles unter Rühren über dem Wasserbad cremig schlagen. Die Schüssel in Eiswasser setzen und die Creme kalt rühren. Nach Belieben 3 steif geschlagene Eiweiß unter die Karamellcreme rühren, in einen Tiefkühlbehälter füllen und in etwa 5 Stunden gefrieren lassen, dabei immer wieder umrühren, damit sich keine festen Eiskristalle bilden.

⊕ 10:00 Min.

Marzipanäpfel auf Kirschspiegel

Für 4 Portionen

00:00 Min.		Ein Wellholz kalt stellen. Den Backofen auf 200 °C vorheizen.
01:00 Min.	4 Platten TK-Blätterteig (ca. 10 x 10 cm)	auf ein mit Mehl bestäubtes Brett legen.
02:00 Min.	4 kleine säuerliche Äpfel	schälen und die Kerngehäuse ausstechen.
10:00 Min.	100 g Marzipanrohmasse 1 EL Rosenwasser 2 EL Rosinen	mit und verkneten und die Äpfel damit füllen.
12:00 Min.	etwas kaltem Wasser	Die Teigplatten auf kalter, bemehlter Fläche quadratisch ausrollen. Äpfel in die Mitte der Quadrate setzen, die Teigkanten mit bestreichen. Die Ecken der Teigblätter nach oben ziehen, kräftig zusammendrücken und den Blätterteigmantel schließen.
20:00 Min.	2 Eigelb	mit 1 EL kaltem Wasser verquirlen, den Teig damit bestreichen.
21:00 Min.	Backpapier	Ein Backblech mit auslegen, die Äpfel in gutem Abstand zueinander darauf setzen und im Backofen (Mitte) etwa 15 Minuten backen.
23:00 Min.	200 g entsteinte Sauerkirschen (Glas) 2 EL Zucker, $1/2$ Msp. Nelken, $1/2$ Msp. Zimt 4 cl Cointreau Hälfte des Kirschsaftes	(12 Stück beiseite legen) zusammen mit und mit der im Mixer pürieren.
36:00 Min.		Die Äpfel aus dem Backofen nehmen und etwas abkühlen lassen.
40:00 Min.		Äpfel auf 4 Tellern anrichten, rund um die Äpfel den Fruchtspiegel gießen.
	3 Tupfer Schlagsahne	als Garnierung in den Fruchtspiegel und obenauf je 1 der beiseite gestellten Kirschen setzen.

Varianten

Bratäpfel mit Guss

Für 4 Portionen

$3/8$ l Milch mit 1 EL Speisestärke verrühren und zum Kochen bringen. 1 Päckchen Vanillezucker, 2 EL Zucker und 1 EL Rum unterrühren, aufkochen lassen. Den Topf von der Kochstelle nehmen. Die Eigelbe nacheinander unterrühren. Die Creme bei schwacher Hitze unter Rühren nochmals erhitzen, bis sie dicklich ist, beiseite stellen und abkühlen lassen. Den Backofen auf 180 °C vorheizen. 4 mittelgroße Äpfel schälen und die Kerngehäuse mit einem Kernhausausstecher herausstechen. $1/8$ l Weißwein mit 2 EL Zucker in einem breiten Topf erhitzen. Die Äpfel hineinsetzen und zugedeckt etwa 10 Minuten dünsten. Die Äpfel sollen weich sein, dürfen aber nicht zerfallen. Eine kleine ofenfeste Form mit Butter ausstreichen und die Äpfel nebeneinander hineinsetzen. Je 1 EL gemahlene Mandeln, Zucker, Rosinen und Johannisbeergelee mischen, die Äpfel mit dieser Masse füllen. 2 Eiweiß mit 1 EL Zucker steif schlagen. Die erkaltete Creme über die Äpfel gießen. Den Eischnee in einen Spritzbeutel füllen und auf die Äpfel spritzen. Die Äpfel im Backofen (Mitte) etwa 20 Minuten backen, bis der Eischnee goldgelb ist.

⊕ 20:00 Min.

Äpfel im Biskuitteig

Für 4 Portionen

4 Äpfel schälen und die Kerngehäuse ausstechen. $1/8$ l Cidre zum Kochen bringen. Die Äpfel hineinsetzen und darin zugedeckt in etwa 10 Minuten weich dünsten. Die Äpfel herausnehmen, abtropfen lassen und in eine gebutterte ofenfeste Form setzen. 80 g Marzipanrohmasse mit 1 EL Calvados und 1 EL Aprikosenkonfitüre vermengen, die Äpfel damit füllen. Den Backofen auf 200 °C vorheizen. 2 Eier trennen. Die Eigelbe mit 2 EL Zucker und 2 EL Mehl verrühren. Die Eiweiße steif schlagen und unterheben. Den Teig auf die Äpfel streichen oder spritzen. Die Äpfel mit 2 EL Mandelblättchen bestreuen und im Backofen (Mitte) in etwa 20 Minuten goldgelb überbacken.

⊕ 00:00 Min.

> **TIPP**
> Auf diese Art können Sie auch andere Früchte überbacken. Versuchen Sie das Rezept einmal mit gefüllten Pfirsich-, Aprikosen- oder Birnenhälften. Besonders reife Früchte müssen Sie nicht mehr dünsten, sondern können Sie gleich in die Form geben.

FÜR DEN SÜSSEN HUNGER

Schmarrn: Süßes für Kaiser

Auch wenn der Kaiserschmarrn der adeligste unter den Schmarrn ist, diese aus Süddeutschland und Österreich stammende Süßspeise kommt in Wahrheit aus der »Arme-Leute-Küche«, was nicht zuletzt der hohe Mehlanteil verrät.

Kaiserschmarrn

Für 4 Portionen

00:00 Min.	4 EL Rosinen 3 EL Rum	mit in einer Schüssel mischen und zugedeckt beiseite stellen. Den Backofen auf 80 °C vorheizen.
02:00 Min.	2 Eier $1/2$ Liter Milch, 3 Eiern, 2 EL Zucker, $1/2$ Päckchen Vanillezucker, abgeriebener Schale von $1/2$ unbehandelten Zitrone und 1 Prise Salz	trennen. Die Eigelbe mit gründlich verrühren.
12:00 Min.	300 g Mehl	unter Rühren dazusieben. Eine beschichtete Pfanne bei mittlerer Hitze vorheizen. Inzwischen die Eiweiße sehr steif schlagen und unter den Teig heben.
19:00 Min.	20 g Butter	in der Pfanne zerlassen, $1/4$ vom Teig eingießen, kurz stocken lassen und 1 EL Rumrosinen darüber streuen. Den Pfannkuchen von einer Seite backen, dann wenden, in Stücke teilen und fertig backen. Jede Portion mit
25:00 Min.	1 EL Zucker	bestreuen, nochmals durchschwenken oder wenden, auf einem Teller anrichten und warm stellen. Die Pfanne mit Küchenpapier säubern und die nächste Portion auf die gleiche Weise zubereiten.

TIPP
Wenn Kinder mitessen, den Rum durch Apfelsaft ersetzen.

Varianten

Apfelschmarrn

Für 4 Portionen ⊕ 05:00 Min.

Teig nach Grundrezept zubereiten und abgedeckt in den Kühlschrank stellen. 2–3 säuerliche Äpfel schälen, vom Kerngehäuse befreien, vierteln und in dünne Scheiben schneiden oder hobeln. Den Pfannkuchenteig aus dem Kühlschrank nehmen, portionsweise eingießen, kurz anbacken lassen, mit jeweils 1/4 der Äpfel sowie 1 EL Rumrosinen bestreuen, fertig backen wie im Grundrezept beschrieben.

Zwetschgenschmarrn

Für 4 Portionen ⊕ 15:00 Min.

500 g Zwetschgen waschen, in einem Tuch trocknen, entsteinen, dabei die Zwetschgen gleich vierteln und in eine Schüssel geben. Mit 1 guten EL Zimtzucker bestreuen und durchmischen. Dann weiter wie beim Apfelschmarrn, jedoch ohne Rosinen.

> **Profi-Tipp**
> So wird Kaiserschmarrn besonders locker: 1 Msp. Backpulver unter den Teig rühren. Den Pfannkuchen nicht ganz durchbacken, zerreißen, im 180 °C heißen Backofen in 3–4 Minuten fertig backen.

Grießschmarrn

Für 6 Portionen ⊕ 10:00 Min.

1 l Milch mit 50 g Zucker und 1 Prise Salz zum Kochen bringen. Unter Rühren 250 g Grieß einrieseln und aufkochen lassen. Die Herdplatte abschalten und den Grießbrei zugedeckt 1 Stunde quellen lassen. 3 Eier mit 1 Päckchen Vanillezucker schaumig rühren und unter den Grieß mischen. In einer Pfanne 1 EL Butterschmalz zerlassen. Die Grießmasse hineingeben (eventuell portionsweise) und darin von einer Seite backen, dann wenden, zerteilen und fertig backen. Den Grießschmarrn mit Früchtekompott servieren.

FÜR DEN SÜSSEN HUNGER

Süßes aus dem Ofen

Scheiterhaufen mit Vanillesauce

Für 4–6 Portionen

00:00 Min.		Den Backofen auf 180 °C vorheizen.
	5–6 Gebäckstücke wie z. B. Plundergebäck, Obstkuchen, Hefezopf etc. (am besten 2–3 Tage alt)	in etwa 2 cm große Würfel schneiden und in eine Schüssel geben.
10:00 Min.	2 Äpfel	schälen, vom Kerngehäuse befreien, vierteln und in dünne Scheiben schneiden. Die Apfelscheiben mit
	3 EL Rosinen	in einer Schüssel vermengen.
15:00 Min.	2 EL Zucker	mit
	1 Msp. Zimt	und
	1/2 Msp. Nelken	mischen und in die Schüssel geben.
16:00 Min.	3 Eier	mit
	1/2 l Milch	und
	1 EL Zucker	verquirlen, über das Gebäck gießen und alles gut vermengen.
18:00 Min.		Eine ofenfeste Form mit
	Butter	ausstreichen und mit
	Zucker	ausstreuen. Die Eiermasse in der Form glatt streichen, mit
	2 EL Mandelblättchen	bestreuen und im Backofen(Mitte) etwa 30 Minuten backen.
20:00 Min.	1/2 Liter Milch	erhitzen.
	1 Vanilleschote	längs aufschneiden, das Mark herauskratzen, beides in die Milch geben und auf der ausgeschalteten Herdplatte ziehen lassen.
30:00 Min.	6 Eigelb	und
	120 g Zucker	mit einem Schneebesen schaumig rühren. Die heiße Milch langsam unter die Eimasse rühren. Die Masse bei schwacher Hitze unter Rühren erwärmen, bis eine cremige Sauce entstanden ist. Die Sauce durch ein feines Sieb gießen und abkühlen lassen.
50:00 Min.		Den Scheiterhaufen aus dem Ofen nehmen, portionieren, mit
	etwas Puderzucker	bestreuen und mit der Vanillesauce servieren.

Varianten

Schwarzwälder Ofenschlupfer

Für 4–6 Portionen

Verfahren wie im Grundrezept Scheiterhaufen beschrieben, nur an Stelle von altem Gebäck 4-5 einfache Brötchen vom Vortag vierteln und in dünne Scheiben schneiden. 2 kleine Äpfel und 1 Birne schälen, vom Kerngehäuse befreien, vierteln und in Scheiben schneiden. Die Scheiben mit den Brötchenscheiben in einer Schüssel mischen. Weiter verfahren wie im Grundrezept beschrieben.

00:00 Min.

> **TIPP**
> Scheiterhaufen und Ofenschlupfer können schon am Vortag vorbereitet werden. Dazu fertigen Teig in die Form füllen, mit Zucker bestreuen, mit Klarsichtfolie abdecken und im Kühlschrank lagern. Am nächsten Tag Scheiterhaufen oder Ofenschlupfer in den kalten Backofen stellen und bei 180 °C backen wie links beschrieben.

Zwiebackauflauf

Für 6 Portionen

15:00 Min.

250 g Zwieback reiben, mit $1/2$ l Milch übergießen und etwa 30 Minuten quellen lassen. 3 EL Sultaninen waschen und abtropfen lassen, nach Belieben in etwas Rum einweichen. Den Backofen auf 180 °C vorheizen. 3 Eigelb mit 80 g Zucker cremig rühren. Die Zwiebackbrösel und die Sultanien unterrühren. Die Eiweiße steif schlagen und unterheben. Eine ofenfeste Form mit Butter ausstreichen, die Zwiebackmasse einfüllen und im Backofen (Mitte) in etwa 45 Minuten backen. Inzwischen in einem Topf 200 ml Weißwein mit 1 TL Zucker, 1 Msp. Zimt und $1/2$ TL unbehandelter Zitronenschale verrühren und zum Kochen bringen, dann beiseite stellen. Den fertigen Auflauf aus dem Backofen nehmen und mit dem heißen Weinsud beträufeln.

Sie können den Auflauf auch in Portionsförmchen backen. Dafür den Zwieback zerbröseln, je $1/6$ in ein gefettetes Förmchen füllen. 6 Eier mit 600 ml Milch, 80 g Zucker und etwas abgeriebener Zitronenschale verrühren. Die Masse in die Förmchen verteilen und diese etwa 30 Minuten stehen lassen. Die Aufläufe mit Butterflöckchen belegen und im 180 °C heißen Backofen (Mitte) in etwa 30 Minuten backen. Vor dem Anrichten nach Geschmack mit Fruchtsaft beträufeln.

FÜR DEN SÜSSEN HUNGER

Reisauflauf

Für 4–6 Portionen

00:00 Min.	250 g Rundkornreis	waschen und abtropfen lassen.
	1 l Milch	mit
	1 Prise Salz	zum Kochen bringen und den Reis darin in etwa 30 Minuten weich garen. Beiseite stellen und abkühlen lassen. Den Backofen auf 200 °C vorheizen.
40:00 Min.		Eine Auflaufform mit
	10 g Butter	ausstreichen und mit
	Semmelbröseln	ausstreuen.
45:00 Min.	40 g Butter	schaumig rühren.
	3 Eier	trennen. Die Eigelbe mit
	100 g Zucker	und
	der abgeriebenen Schale von	
	$1/2$ unbehandelten Zitrone	unter die Butter rühren, mit dem Reis vermengen.
50:00 Min.		Die Eiweiße mit
	1 Prise Salz	zu steifem Schnee schlagen. Den Eischnee unter die Reismasse heben.
52:00 Min.		Die Reismasse in die Auflaufform füllen und im Backofen (Mitte) etwa 30 Minuten backen, bis die Oberfläche goldbraun ist.
82:00 Min.		Den fertigen Auflauf aus dem Backofen nehmen und mit
	Puderzucker	bestäuben.

TIPP
Zu Reisauflauf schmeckt fruchtig frisches Kompott. Eigentlich passt alles, was nicht zu süß ist, denn Süße hat der Auflauf schon zur Genüge: Eingelegte Sauerkirschen, Zwetschgen, Pfirsiche oder Aprikosen sind die perfekte Ergänzung.

Varianten

Reisauflauf mit Schattenmorellen

Für 4 Portionen

⊖ 20:00 Min.

$3/4$ l Milch zum Kochen bringen. 150 g Milchreis dazugeben und bei schwacher Hitze zugedeckt etwa 30 Minuten quellen lassen. Den Backofen auf 180 °C vorheizen. Eine Auflaufform mit Butter ausstreichen und mit Semmelbröseln ausstreuen. 3 Eier trennen. Die Eigelbe mit 4 EL Zucker schaumig rühren, 125 g Quark unterrühren. $1/2$ unbehandelte Zitrone waschen und trocknen. Die Schale abreiben und den Saft auspressen. Die Schale unter die Eigelbmasse rühren und diese mit dem Reis vermengen. Die Eiweiße steif schlagen, den Eischnee unter die Reismasse heben. Die Hälfte der Masse in die Form füllen. Schattenmorellen aus dem Glas (420 ml Inhalt) abtropfen lassen (den Saft dabei auffangen) und auf der Reismasse verteilen. Die restliche Reismasse darauf glatt streichen. Den Auflauf im Backofen (Mitte) etwa 30 Minuten backen. Dazu passt Kirschsauce: Dafür den Saft von den Schattenmorellen mit $1/4$ Stange Zimt, 1 Nelke, dem Zitronensaft und nach Belieben etwas Zucker aufkochen und bei schwacher Hitze etwa 10 Minuten köcheln lassen. 2 TL Speisestärke mit etwas kaltem Wasser verrühren. Den Kirschsaft mit der angerührten Speisestärke binden und noch einmal aufkochen lassen, dann in Eiswasser setzen und abkühlen lassen. Den Kirschsaft durch ein Sieb in einen Krug gießen und abgekühlt zum Reisauflauf servieren.

Reis-Quark-Auflauf mit Rosinen und Nüssen

Für 4 Portionen

⊖ 20:00 Min.

$3/8$ l Milch mit 1 Prise Salz, 80 g Zucker und 1 TL abgeriebener unbehandelter Zitronenschale zum Kochen bringen. 180 g Rundkornreis unterrühren und bei schwacher Hitze in etwa 20 Minuten knapp gar kochen, dann beiseite stellen und abkühlen lassen. Den Backofen auf 180 °C vorheizen. Eine Auflaufform mit Butter ausstreichen und mit Semmelbröseln ausstreuen. 250 g Quark durch ein Sieb drücken. 3 Eier trennen und die Eigelbe mit dem Quark unter den Reis mischen. 60 g Sultaninen waschen, abtropfen lassen und ebenfalls unterrühren. Die Eiweiße steif schlagen und unterheben. Die Reismasse in die vorbereitete Form füllen, glatt streichen und mit 3–4 EL Mandelstiften bestreuen. Die Oberfläche mit Butterflöckchen belegen und den Auflauf im Backofen (Mitte) etwa 40 Minuten backen.

Rezept- und Sachregister

A
Abfall sammeln 14
Äpfel
   Äpfel im Biskuitteig 161
   Apfel-Ingwer-Mayonnaise 59
   Apfelschmarrn 163
   Bratäpfel mit Guss 161
   Marzipanäpfel auf Kirschspiegel 160
Aprikosencreme 154
Auberginen in der Sesamkruste 111
Auberginenscheiben im Weinteig 111
Auberginenscheiben in der Parmesankruste 110
Aufläufe
   Bunter Gemüseauflauf 115
   Ofenschlupfer 165
   Reis-Quark-Auflauf mit Rosinen und Nüssen 167
   Reisauflauf 166
   Reisauflauf mit Schattenmorellen 167
   Scheiterhaufen 164
   Zwiebackauflauf 165
Auftauen (Zeiten) 17
Austernpilze: Spinatbratlinge mit Austernpilzen 118
Avocado-Shrimps-Salat 70
Avocado-Toast 21
Avocadodressing: Eichblattsalat mit Avocadodressing 63

B
Backerbsen 43
Basilikum-Croûtons 48
Béchamelkartoffeln 103
Beefsteak mit Schalotten 132
Blutorangeneis 158
Bouillonkartoffeln 102
Bratäpfel mit Guss 161
Bratlinge: Spinatbratlinge mit Austernpilzen 118
Bratzeiten für Steaks 133
British Fried Bread 20
Brokkoli
   Brokkoli-Möhren-Frittata 29
   Brokkolisoufflé 115
   Huhn mit Brokkoli und Schinken 129
   Möhren-Brokkoli-Terrine 83
   Nudeln mit Brokkolisauce 88
Brühe mit Garnelen und Sojasprossen 39
Brühe mit Hähnchenbrustfilet und Zuckerschoten 39
Bruschetta 20, 78
Bruschetta mit Tomaten und Mozzarella 79
Butterbrösel 99
Butterklößchen 41

C
Carpaccio
   Carpaccio von der Lachsforelle 77
   Zucchini-Carpaccio 76
Champignons
   Champignonpfannkuchen 27
   Champignon-Schaumsüppchen 45
   Kartoffel-Champignon-Terrine 83
Chicorée-Orangen-Salat 60
Cornflakes 48
Cremes
   Aprikosencreme 154
   Kirschcreme 155
   Kokoscreme 155
   Orangencreme 155
Crostini mit Leberpastete 20
Crostini mit Pilzen 79
Croûtons
   Basilikum-Croûtons 48
   Käse-Croûtons 48
   Schwarzbrot-Croûtons 48
   Weißbrot-Croûtons 48
Curry
   Curry-Sahne 48
   Fruchtige Curryrahmsuppe 46
   Kokoscurry 139
   Mango-Lamm-Curry 138
   Orangen-Curry-Reis 95
   Rotes Schweinecurry 139
   Thaicurries 139

D
Dill-Sahne 48
Dipp: Speckdipp 48
Dressing: Eichblattsalat mit Avocadodressing 63
Dunkelbiersauce: Schweinebraten in Dunkelbiersauce 122

REZEPT- UND SACHREGISTER

E

Eglifilets
Eglifilets in der Nusskruste 149
Eglifilets im Weinteig 149
Eglifilets mit Mandeln 148
Gebackene Eglifilets 149
Eichblattsalat mit Avocadodressing 63
Eier
Eggs and Bacon 32
Eier kochen 34
Garnelen-Eier 35
Gefüllte Eier mit Petersilienmousse 35
Gekochte Eier 33
Eierpfannkuchen 26
Eierschneider 13
Eierstich mit Milch 41
Eis
Blutorangeneis 158
Karamelleis 159
Schokoladeneis 159
Vanilleeis 159
Eiweißklößchen: Iles flottantes 157
Erbsensuppe, französische 45
Erdbeeren: Quark-Erdbeer-Torte 153

F

Flädle 41
Flaschen- und Dosenöffner 13
Fleisch, Garzeiten 125
Fleisch- und Knochenbrühe 40
Fleischgabel 12
Flotte Lotte 13
Forellen
Forellen auf Schalotten 145
Forellen »Müllerin Art« 144
Schwarzwald-Forellen 145
Frischkäse-Apfel-Schnitten 21
Frittata 28
Brokkoli-Möhren-Frittata 29
Frühlingszwiebel-Pilz-Frittata 29
Mais-Erbsen-Frittata 29
Tomaten-Zucchini-Frittata 29
Frühlingsbrot 21
Frühlingsgemüse: Heilbuttschnitten mit Frühlingsgemüse 147
Frühstück zubereiten 16

G

Garnelen-Eier 35
Garnelensülzchen 81
Garzeiten, Fleisch 125

Gazpacho 53
Gebackene Kartoffeln
Baked Chester Potatoes 106
Baked Potatoes mit Tzatziki 107
Orange-Salmon-Potatoes 107
Gemüse-Frittata 28
Gemüse-Kartoffel-Salat 69
Gemüseauflauf, bunter 115
Gemüsebrühe 42
Gemüseküchlein, koreanische 30
Gemüsesalat, 7-Minuten- 71
Gemüsesülzchen 81
Gemüsesuppe 39
Gemüsezwiebeln, gefüllte 117
Geschnetzeltes
Rindergeschnetzeltes 141
Schweinegeschnetzeltes mit Paprika 141
Züricher Geschnetzeltes 140
Glasnudelsuppe 39
Gratins
Kartoffel-Pilz-Gratin 105
Kartoffelgratin 104
Grießnockerl 41
Grießpudding 157
Grießschmarrn 163

H

Hackfleischsuppe 50
Hähnchen & Hühnchen
Geschmortes Huhn mit Pilzen und Apfelwein 127
Hähnchen in Madeirasauce 126
Hähnchenkeulen in Rieslingrahm mit Möhren 128
Hähnchen-Reis-Salat 73
Hähnchenkeulen mit Steinpilzen 129
Huhn mit Brokkoli und Schinken 129
Paprikahuhn 127
Sülze mit Hähnchenbrust und Paprika 81
Heidelbeeren: Quarkmousse mit Heidelbeeren 153
Heilbuttschnitten mit Frühlingsgemüse 147
Ho-Bak-Chon-Taler 30
Honig-Senf-Gurke 71

I/J

Iles flottantes 157
Italienischer Salat 71
Joghurt-Kräuter-Sauce (Tipp) 80
Joghurtsuppe, bulgarische 53

REZEPT- UND SACHREGISTER

K

Kaffee kochen 10
Kaiserschmarrn 162
Kalbskoteletts, panierte 134
Kalbssteak mit Spargel-Champignon-Ragout 131
Karamelleis 159
Kartoffeln
    Baked Chester Potatoes 106
    Baked Potatoes mit Tzatziki 107
    Béchamelkartoffeln 103
    Bouillonkartoffeln 102
    Gemüse-Kartoffel-Salat 69
    Kartoffel-Champignon-Terrine 83
    Kartoffelgratin 104
    Kartoffelknödel 98
    Kartoffel-Löwenzahn-Salat mit Speck 68
    Kartoffel-Matjes-Salat 68
    Kartoffel-Pilz-Gratin 105
    Kartoffelterrine 82
    Orange-Salmon-Potatoes 107
    Rahmkartoffeln 103
    Seewolf mit Tomatenkartoffeln 146
Käse-Croûtons 48
Käsebiskuit 43
Käseknöpfle 43
Kirschcreme 155
Knoblauch schälen 14
Knödel
    Blitzknödel 99
    Butterklößchen 41
    Kartoffelknödel 98
    rohe Knödel 99
    Semmelknödel 43, 100
    Semmelknödel mit Speck 101
    Serviettenknödel 101
Kochlöffel 13
Kochtöpfe 13
Kohlrabi, gefüllte 117
Kokoscreme 155
Kokoscurry 139
Königinsuppe 51
Kopfsalat mit Kürbiskerndressing 61
Krabbensauce, Lachs in 147
Krabbensuppe, türkische 46
Kräuter 14
Kräuterjoghurt (Beilagentipp) 83
Kräuterrührei 23
Kräutersuppe 47
Küchenplanung 12

L

Lachs in Krabbensauce 147
Lamm
    Lammkoteletts mit Ratatouillekruste 135
    Mango-Lamm-Curry 138
Lauch: Möhren-Lauch-Quiche 114
Limetten-Safran-Risotto 96
Linsensuppe, ägyptische 47
Löwenzahnsalat mit Speck-Croûtons 61

M

Madeirasauce: Hähnchen in Madeirasauce 126
Mais-Erbsen-Frittata 29
Mango-Lamm-Curry 138
Mangoldrouladen 113
Marzipanäpfel auf Kirschspiegel 160
Mayonnaise 58
Meerrettichbrot 21
Messer 12
Mischsalat mit Fenchelvinaigrette 62
Möhren-Brokkoli-Terrine 83
Möhrenküchlein 119
Möhren-Lauch-Quiche 114
Mousses
    Gefüllte Eier mit Petersilienmousse 35
    Quarkmousse mit Heidelbeeren 153
    Quarkmousse mit Vanille 152
Mozzarella-Polenta 93

N

Nudeln garen 86
Nudeln kochen (für Salate) 66
Nudeln mit Brokkolisauce 88
Nudelsalate
    Farfalle-Salat mit Spargel und Schinken 67
    Salat mit schwarzen Nudeln und Meeresfrüchten 67
Nudelsuppe: Asiatische Express-Nudelsuppe 38

O

Ofenschlupfer, Schwarzwälder 65
Omelettes
    Omelette auf asiatische Art 25
    Omelette mit Hühnerleber 25
    Rahmspinatrolle 24
    Ratatouille-Omelette 25
    Spinatrolle mit Schafkäse 25
    Turbo-Omelette 24
Orangen-Curry-Reis 95
Orangencreme 155

Orangensalat mit Schafskäse und
    Walnusskernen 77
Orechiette mit Maroni 88

P

Paprikahuhn 127
Paprikaschnitzel 137
Parikaschoten, gefüllte 116
Paprikaschoten putzen 14
Penne mit Spinatcreme und Pinienkernen 89
Pesto-Mandel-Schleifen 87
Petersilienmousse, gefüllte Eier mit 35
Petersilienreis 95
Pfannen 13
Pfannenwender 12

Pfannkuchen
    Champignon-Pfannkuchen 27
    Kalte Pfannkuchen mit Frischkäse-
        Lachs-Füllung 26
    Kalte Pfannkuchen mit Schinken-
        Ricotta-Füllung 27
    Quarkpfannkuchen 27
    Süße Pfannkuchen 27
Pilz-Schnitten 21
Pilzrisotto 97

Polenta 92
    Bunte Polenta 93
    Mozzarella-Polenta 93
    Tomaten-Polenta 93

Pudding
    Grießpudding 157
    Schokoladenpudding 156
    Vanillepudding 157

Q

Quark
    Quark-Erdbeer-Torte 153
    Quarkmayonnaise 59
    Quarkmousse mit Heidelbeeren 153
    Quarkmousse mit Vanille 152
    Quarkpfannkuchen 27
    Reis-Quark-Auflauf mit Rosinen und
        Nüssen 167
    Vanillequark 153
Quiche: Möhren-Lauch-Quiche 114

R

Radicchiosalat mit weißen Bohnen 63
Rahmkartoffeln 103
Rahmmayonnaise 59
Rahmschnitzel 137

Rahmspinatrolle 24
Ratatouille-Omelette 25

Reis
    Hähnchen-Reis-Salat 73
    Orangen-Curry-Reis 95
    Petersilienreis 95
    Reis garen (Grundrezept I) 94
    Reis garen (Grundrezept II) 94
    Reis mit Rosinen und Nüssen 95
    Reis-Quark-Auflauf mit Rosinen und
        Nüssen 167
    Reisauflauf 166
    Reisauflauf mit Schattenmorellen 167
    Reissalat 72
    Reissalat, koreanischer 73
    Reissalat mit Mais und Schinken 73
Ricotta-Tomaten-Küchlein 119
Rindergeschnetzeltes 141

Risotto
    Limetten-Safran-Risotto 96
    Pilzrisotto 97
    Spargelrisotto 97
    Zucchini-Garnelen-Risotto 97
Rohe Knödel 99
Rohkostreiben 13

Rouladen
    Mangoldrouladen 113
    Weißkohlrouladen 113
    Wirsingrouladen in Käsesahne 112

Rührei
    Rührei mit gewürfeltem Speck
        oder Schinken 23
    Rührei mit Paprika und Zwiebel 23
    Blitz-Rührei 22
    Kräuter-Rührei 23
    Teufelsei 23
Rumpsteak 130
Rumpsteak mit Mixed Pickles 131
Russische Sauce 59

S

Safran: Limetten-Safran-Risotto 96
Sahne
    Curry-Sahne 48
    Dill-Sahne 48
    Sahnehäubchen 48
Salat mit schwarzen Nudeln und
    Meeresfrüchten 67
Schattenmorellen: Reisauflauf mit
    Schattenmorellen 167
Schaumlöffel 13

REZEPT- UND SACHREGISTER

Scheiterhaufen mit Vanillesauce 164
Schinkennudeln 87
Schinkensülzchen mit Gemüse 80
Schinkensuppe 51
Schneebesen 13
Schneidebretter 12
Schnitzel
    Paprikaschnitzel 137
    Rahmschnitzel 137
    Schnitzel mit Ei 137
    Schnitzel natur 136
    Wiener Schnitzel 137
Schokoladeneis 159
Schokoladenpudding mit Vanillesauce 156
Schöpflöffel 13
Schüsseln 13
Schwarzwald-Forellen 145
Schwarzwälder Ofenschlupfer 165
Schweinebraten in Dunkelbiersauce 122
Schweinebraten, glasierter, mit Orangen 124
Schweinecurry, rotes 139
Schweinegeschnetzeltes mit Paprika 141
Schweinerücken mit Gemüse und mediterranen Kräutern 123
Schweinesteak, flambiertes 132
Seewolf mit Tomatenkartoffeln 146
Sellerie-Ananas-Salat mit Datteln 63
Semmelknödel 100
Semmelknödel mit Speck 101
Semmelknödel, kleine 43
Serviettenknödel 101
Siebe 13
Soufflé: Brokkolisoufflé 115
Spaghetti mit Tomatensauce 88
Spargel-Champignon-Ragout 131
Spargelrisotto 97
Sparschäler 13
Speck-Dipp 48
Spiegeleier braten 31
Spiegeleier-Uhr 32
Spinatbratlinge mit Austernpilzen 118
Spinatrolle mit Schafskäse 25
Spülen 14
Steaks braten 133
Steaks, Bratzeiten für 133
Sülzchen
    Garnelensülzchen 81
    Gemüsesülzchen 81
    Schinkensülzchen mit Gemüse 80
    Sülze mit Hähnchenbrust und Paprika 81

T

Tee kochen 10
Thaicurries 139
Tomaten
    Ricotta-Tomaten-Küchlein 119
    Seewolf mit Tomatenkartoffeln 146
    Tomatenmayonnaise 59
    Tomaten-Polenta 91
    Tomatenscheiben, panierte 111
    Tomatensuppe Rot-Weiß 45
    Tomaten-Zucchini-Frittata 29
Trauben-Mandel-Suppe 52

V

Vanillecreme: Iles flottantes 157
Vanilleeis 159
Vanillepudding 157
Vanillesauce
    Scheiterhaufen mit Vanillesauce 164
    Schokoladenpudding mit Vanillesauce 156
Vinaigrette 56
    Bunter Mischsalat mit Fenchel-Vinaigrette 62
Vorheizen 14
Vorräte 17

W

Wasser kochen 10
Weinteig
    Eglifilets im Weinteig 149
    Auberginenscheiben im Weinteig 111
    Zucchinischeiben im Weinteig 111
Weißbrot-Croûtons (2) 48
Weißkohlrouladen 113
Wiener Schnitzel 137
Wildsuppe, schnelle 51
Wirsingrouladen in Käsesahne 112

Z

Zucchini-Carpaccio 76
Zucchini-Garnelen-Risotto 97
Zucchinicremesuppe 44
Zucchinischeiben im Weinteig 111
Zuppa alla Pavese 44
Züricher Geschnetzeltes 140
Zwetschgenschmarrn 163
Zwiebackauflauf 165
Zwiebeln schälen 14
Zwiebeln würfeln 14

Der Klassiker unter den Kochbüchern mit rund 2400 Rezepten der deutschen und internationalen Küche. Moderne Küchentechnik und bewährte traditionelle Zubereitungsmethoden, Warenkunde in Wort und Bild, Grundrezepte vom Eier- und Kaffeekochen bis zum großen Festtagsbraten, ausführliches Back-Kapitel, Sonderkapitel über Wein und das passende Gedeck.
Kiehnle Kochbuch
710 S., ISBN 3-7750-0346-0

Den Duft des Sommers und den Geschmack des Herbstes einfangen, das Aroma und den Geschmack frischer, sonnengereifter Früchte, Gemüse und Kräuter schonend haltbar machen und das ganze Jahr genießen. Ausführliche Beshreibung der Konservierungsarten, Rezepte und praktische Tipps.
Anna Spreng / Margrit Bühler:
Natürlich einmachen – Früchte, Gemüse und Kräuter schonend haltbar machen
112 S., ISBN 3-7750-0381-9

Schnelle vegetarische Risotto-Rezepte, köstlich im Geschmack, vollwertig und leicht in der Zubereitung: Die perfekte Lösung für die schnelle Abendmahlzeit oder ein entspanntes Essen mit Freunden.
Ursula Ferrigno: **Risotto**
64 S., ISBN 3-7750-0371-1

Leichte Rezepte, von klassisch bis kreativ, von deftig bis vegetarisch, für ofenfrische, knusprige Pizze für jeden Anlass, ob für die Party, das Picknick oder einfach für ein besonderes Abendessen in der Familie.
Silvana Franco: **Pizza**
64 S., ISBN 3-7750-0377-0

Es muss nicht immer Fleisch sein:
Neue Rezepte aus dem Schlaraffenland der Vegetarier

Eine ungewöhnliche Rezeptsammlung von A.E. Möller, dem Co-Autor des vorliegenden Buches:
Die koreanische Küche bietet eine Fülle phantasievoller vegetarischer Gerichte, kaum bekannt, aber eine besondere Delikatesse. Hier werden Familienrezepte verraten und neue Genüsse kreiert.
Yi Yang-Cha / A.E. Möller:
Koreanisch kochen vegetarisch
79 S., ISBN 3-7750-0321-5

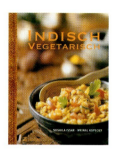

Die indische Küche ist eine unerschöpfliche Quelle vegetarischer Köstlichkeiten. Für dieses Buch wurden über 100 der attraktivsten vegetarischen Originalrezepte aus Indien ausgewählt und so bearbeitet, dass sie auch hierzulande problemlos zubereitet werden können. Mit einer ausführlichen Warenkunde.
Sushila Issar / Mrinal Kopecky:
Indisch vegetarisch
127 S., ISBN 3-7750-0352-5

„Es gibt sehr wohl Bücher, bei denen einem die Augen übergehen und das Wasser im Munde zusammenläuft. Die kulinarischen Bildbände aus dem Walter Hädecke Verlag gehören ohne Zweifel dazu."
Deutsche Welle
Weitere Informationen über das Hädecke-Kochbuchprogramm erhalten Sie in Ihrer Buchhandlung und vom Verlag:

Walter Hädecke Verlag
D-71256 Weil der Stadt
Tel. +49 (0) 70 33 / 13 80 80
Fax +49 (0) 70 33 / 1 38 08 13
haedecke_vlg@t-online.de

Kurz, klar und präzise beantwortet dieses Lexikon alle kulinarischen Fragen und erklärt in rund 5.500 Stichwörtern alle wichtigen Fachausdrücke und Gerichte der nationalen und internationalen Küche. Einzigartig und unentbehrlich für Feinschmecker, Hobby- und Profiköche.
Herbert Birle: **Die Sprache der Küche**
500 S., ISBN 3-7750-0390-8